跨境电子商务创新
模式研究

张晓武 ◎ 著

中国出版集团

中译出版社

图书在版编目（CIP）数据

跨境电子商务创新模式研究 / 张晓武著. —— 北京：
中译出版社, 2024. 5. —— ISBN 978-7-5001-7962-7

Ⅰ. F713.36

中国国家版本馆CIP数据核字第20245B8L89号

跨境电子商务创新模式研究
KUAJING DIANZI SHANGWU CHUANGXIN MOSHI YANJIU

出版发行 / 中译出版社
地　　址 / 北京市西城区新街口外大街28号普天德胜大厦主楼4层
电　　话 /（010）68359827, 68359303（发行部）；68359287（编辑部）
邮　　编 / 100044
传　　真 /（010）68357870
电子邮箱 / book@ctph.com.cn
网　　址 / http://www.ctph.com.cn

策划编辑 / 于建军
责任编辑 / 于建军
封面设计 / 蓝　博

排　　版 / 雅　琪
印　　刷 / 廊坊市文峰档案印务有限公司
经　　销 / 新华书店

规　　格 / 710毫米×1000毫米　　1/16
印　　张 / 11.5
字　　数 / 200千字
版　　次 / 2025年1月第1版
印　　次 / 2025年1月第1次

ISBN 978-7-5001-7962-7　　　　　　　　　**定价：** 88.00元

前 言
PREFACE

随着全球化进程的不断加速和互联网技术的不断发展，跨境电子商务已经成为全球商业领域中一股不可忽视的重要力量。跨境电子商务的快速崛起，不仅改变了传统商业模式，也为企业提供了全新的发展机遇。然而，跨境电子商务的发展也面临着诸多挑战和困难，其中包括复杂的市场环境、技术变革带来的不确定性、支付和金融风险等诸多方面。

本书旨在对跨境电子商务创新模式进行深入研究，探讨其发展趋势、创新策略、支付与金融创新、人才培养与团队建设以及风险管理等关键问题。通过对跨境电子商务的理论探讨和实证分析，本书旨在为相关从业者提供一份全面系统的参考资料，帮助他们更好地理解和应对跨境电子商务领域的挑战与机遇。

本书的撰写秉承着严谨求实的研究态度，力求理论与实践相结合，以案例为基础，以问题为导向，深入剖析跨境电子商务创新模式的内涵与特点。同时，我们还将充分利用大量的数据和案例，对跨境电子商务的发展趋势和行业特点进行全面分析，为读者提供最新、最全面的资讯。

本书分为八章，包括导论、跨境电子商务基础概念、跨境电子商务创新趋势、跨境电子商务模式分类与案例分析、跨境电子商务创新策略、跨境支付与金融创新、跨境电子商务人才培养与团队建设以及跨境电子商务风险管理。每一章都从不同的角度对跨境电子商务进行了深入研究，力求为读者呈现一个全面而又系统的跨境电子商务创新模式研究框架。

最后，希望本书能够成为广大读者在跨境电子商务领域学习和研究的重要参考资料，为推动跨境电子商务的健康发展和全球商业合作做出应有的贡献。同时，也期待读者能够积极提出宝贵的意见和建议，共同完善本书的内容，使之更加符合实际需求，为行业发展提供更加有益的指导和支持。

作者
2024 年 3 月

目 录
CONTENTS

第一章　导论

第一节　研究背景和动机

一、研究背景

（一）全球化进程的发展

全球化进程的发展是推动跨境电子商务快速发展的重要背景之一。全球化的加速意味着世界各国经济、文化、社会等方面的联系和交流日益密切，促进了市场的一体化和互联网技术的普及。首先，全球范围内的市场一体化为跨境电子商务提供了广阔的发展空间。随着贸易壁垒的逐渐降低和国际贸易规则的日益完善，跨境贸易的成本大幅降低，为企业提供了更便利的国际化经营环境。其次，互联网技术的普及和应用为跨境电商的兴起提供了技术基础和支撑。互联网的高速发展使得信息传输更加便捷快速，为企业在全球范围内开展业务提供了便利条件，消除了时空限制，大大降低了交易成本。最后，各国政府相继出台政策支持跨境电商发展，为企业跨越国界拓展市场提供了更多机遇。政府的政策扶持包括优惠税收政策、贸易便利化措施、知识产权保护等，为企业提供了更稳定、更可预期的经营环境，激发了企业的创新活力和市场竞争力。

（二）技术创新的驱动

技术创新是推动跨境电子商务快速发展的关键因素之一。信息技术的快速发展和持续创新为跨境电商提供了丰富的技术手段和广阔的应用场景。随着物联网、人工智能、大数据等新兴技术的不断涌现和应用，跨境电子商务得以在多个方面实现技术创新，从而加速了其发展步伐。

首先，物联网技术的广泛应用为跨境电商提供了新的发展机遇。物联网技术将传感器、智能设备和互联网连接，实现了物理世界与数字世界的无缝对接，为跨境电商提供了更加智能化和高效化的解决方案。例如，物联网技术可以实现全球供应链的实时监控和管理，提高了物流配送的效率和可视化程度，为企业提供了更加精准和可靠的物流服务。

其次，人工智能技术的应用为跨境电商带来了更多的创新可能性。人工智能技术可以通过数据分析、机器学习和自然语言处理等手段，实现对大规模数据的智能化处理和挖掘，为企业提供个性化、精准化的服务。例如，基于人工智能的推荐系统可以根据用户的历史行为和偏好，为其推荐更符合个性化需求的商品和服务，提升购物体验和消费满意度。

大数据技术的运用为跨境电商提供了更深入的市场洞察和精准的营销策略。大数据技术可以对海量的数据进行实时分析和挖掘，发现潜在的市场机会和消费趋势，为企业提供科学决策的依据。通过大数据分析，跨境电商可以更好地了解消费者的需求和偏好，优化产品设计和供应链管理，提高市场竞争力和盈利能力。

（三）消费升级的需求

随着时代的发展和社会经济的进步，人们的生活水平不断提高，消费观念也发生了深刻的转变。在这个过程中，消费者对商品的品质、品牌和服务提出了更加严格和全面的要求，这反映了消费升级的趋势。跨境电子商务作为一种新兴的购物方式，正是顺应了消费者对个性化、高品质消费的需求，为其提供了更广泛的选择和更优质的服务。

1. 消费者对商品品质的要求日益提高

随着生活水平的提高和消费观念的成熟，消费者不再满足于简单的物质满足，而更加关注产品的品质和性能。他们更加注重产品的安全、环保、健康等方面，追求高品质、高标准的生活方式。跨境电商平台通过引入国际知名品牌和优质商品，满足了消费者对品质的追求，提供了更多选择的机会。

2. 消费者对商品品牌的认可度也日益增加

品牌不仅仅是产品的象征，更是消费者对品质和信任的体现。消费者更倾向于选择知名品牌的产品，相信其在质量、服务和声誉方面更有保障。跨境电商平台为消费者提供了海量的国际品牌商品，打破了地域限制，让消费者轻松地享受到来自世界各地的优质品牌。

3. 消费者对服务的需求也变得更加个性化和定制化

消费者希望能够获得更加便捷、快速、贴心的服务体验，包括物流配送、售后服务等方面。跨境电商通过引入智能物流系统、提供定制化的服务方案，满足了消费者对于高效、便利的购物体验的期待。

二、研究动机

（一）了解跨境电子商务的发展现状

跨境电子商务作为一种新型的商业模式，其发展速度和模式多样性引起了广泛关注。在这个动机下，对跨境电商的发展现状进行深入了解具有重要意义。首先，通过收集和分析跨境电商的发展数据、行业报告和案例研究，可以全面了解跨境电商的发展趋势、市场规模和主要参与者等关键信息。其次，深入了解跨境电商在不同国家和地区的发展特点和模式，有助于把握全球市场的动态变化，为企业制定针对性的国际化战略提供参考。最后，通过对行业发展现状的分析，可以发现行业存在的问题和挑战，为后续研究提供研究方向和重点。

（二）探索跨境电子商务创新模式

传统的电子商务模式已经不能完全适应跨境电商的发展需求，因此，探索跨境电子商务的创新模式具有重要意义。首先，研究跨境电商创新模式，可以帮助企业发现新的商业机会和增长点，提升市场竞争力。其次，深入探讨跨境电商创新模式的原理和特点，有助于揭示其成功的内在机制和运作逻辑，为企业创新提供理论支持和指导。最后，通过案例研究和比较分析，可以总结出跨境电商创新模式的成功经验和关键因素，为企业在国际化进程中的创新提供借鉴。

（三）解决跨境电子商务面临的问题与挑战

跨境电商在发展过程中面临诸多问题和挑战，如支付安全、物流配送、法律法规等方面的障碍。解决这些问题和挑战对于推动行业的健康发展至关重要。首先，深入分析跨境电商面临的问题和挑战，可以帮助企业和政府部门认清行业发展的现实状况，为制定相关政策和措施提供依据。其次，研究解决跨境电商问题的有效途径和方法，有助于指导企业合理规避风险、提升服务质量，增强行业的可持续发展能力。最后，通过对国际经验和最佳实践的借鉴，可以为我国跨境电商的发展提供宝贵经验和启示。

第二节 研究目的和意义

一、研究目的

（一）探究跨境电子商务创新模式

跨境电子商务作为一种新兴的商业模式，其创新模式对于推动行业的发展具有重要意义。首先，通过对跨境电子商务创新模式的研究，可以深入了解不同企业采取的创新策略和商业模式，探究其背后的商业逻辑和运营机制。其次，分析跨境电子商务创新模式的特点、优势和局限性，有助于发现创新模式的优势和不足之处，为企业制定更加科学合理的发展战略提供依据。最后，通过探索新的商业模式和发展路径，可以为企业提供创新思路和启示，促进企业在国际化进程中取得更大的竞争优势。

（二）分析跨境电子商务发展趋势

跨境电子商务作为一个快速发展的行业，其发展趋势对于企业和政府部门制定相关政策和战略具有重要参考价值。首先，通过分析跨境电商的发展趋势，可以把握未来行业的发展方向和趋势，为企业制定长远发展规划和策略提供依据。其次，深入分析跨境电商发展趋势的驱动因素和关键发展领域，可以帮助企业抓住机遇、应对挑战，实现更加稳健和持续的发展。最后，通过对跨境电商发展趋势的研究，还可以发现行业存在的问题和挑战，为行业相关政策和法规的制定提供参考和建议。

二、研究意义

（一）促进跨境电商行业健康发展

深入研究跨境电子商务创新模式，有助于引导企业正确把握市场，提升竞争力，促进行业的健康、稳定和可持续发展。首先，通过研究创新模式，可以发现行业的发展瓶颈和问题，为企业提供解决问题的思路和方向，促进其优化经营模式、提高效率和降低成本。其次，对创新模式的分析和总结，有助于发现行业的发展新动能和增长点，为企业发现新的商机和拓展市场提供参考。最后，促进跨境电商行业健康发展还可以推动整个行业的规范化和标准化，提高行业的信誉度和竞争力，为消费者提供更优质的服务和产品。

（二）为政府部门政策制定提供参考

研究跨境电商的发展现状和趋势，有助于政府部门及时了解行业发展需求和问题，制定出更加科学合理的政策措施，推动跨境电商行业的良性发展。首先，通过分析行业的发展现状，政府部门可以及时了解到行业存在的问题和挑战，制定出相应的政策措施，为企业提供更好的发展环境和政策支持。其次，深入研究行业的发展趋势，可以帮助政府部门把握未来行业的发展方向和重点，及时调整政策方向和措施，引导企业健康发展。最后，政府部门还可以通过政策制定，引导和规范跨境电商行业的发展，促进行业的规范化和健康发展。

（三）拓展学术研究领域

跨境电子商务作为一个新兴的研究领域，具有较高的学术研究价值。通过深入探讨其创新模式、发展趋势和影响因素，可以为相关学科领域的研究提供新的视角和方法论。首先，通过研究创新模式，可以拓展商业模式创新、市场营销等领域的研究内容，丰富学术研究的内涵和深度。其次，通过分析发展趋势，可以为经济学、管理学、信息技术等学科领域的研究提供新的研究议题和研究方法，推动学术研究的进步和发展。最后，跨境电子商务的研究还可以促进学术界与产业界的深度合作，为学术研究提供更加丰富的实证数据和案例分析，提高研究的可信度和实用性。

第三节　研究内容和范围

一、研究内容

跨境电子商务创新模式研究的内容涵盖了以下方面：

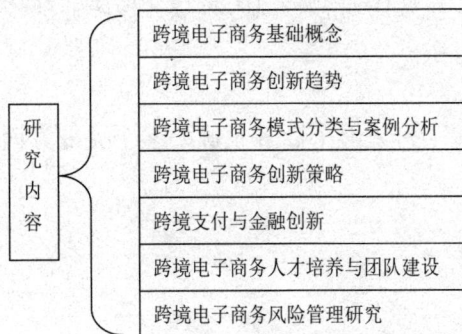

研究内容

- 跨境电子商务基础概念
- 跨境电子商务创新趋势
- 跨境电子商务模式分类与案例分析
- 跨境电子商务创新策略
- 跨境支付与金融创新
- 跨境电子商务人才培养与团队建设
- 跨境电子商务风险管理研究

图 1-1　研究内容架构图

（一）跨境电子商务基础概念

对跨境电子商务的概念、特点以及发展历程进行深入解析，理清跨境电子商务的基本框架和基础知识。

（二）跨境电子商务创新趋势

探讨在当前全球化和数字化浪潮下，跨境电子商务领域的创新理论及应用，分析技术、商业模式和服务等方面的创新趋势。

（三）跨境电子商务模式分类与案例分析

对跨境电子商务不同模式进行概述和分类，深入分析各种模式的特点、运作方式以及成功案例，从而为企业选择合适的跨境电子商务模式提供参考。

（四）跨境电子商务创新策略

探讨在竞争激烈的跨境电商市场中，企业如何制定创新战略，培养和管理创新团队，以及通过具体案例分析不同创新策略的成功实践，从而提高企业的竞争力和创新能力。

（五）跨境支付与金融创新

研究跨境支付方式及其发展趋势，分析支付安全与合规问题，探讨金融科技创新在跨境电商中的应用，为企业构建安全、便捷的支付体系提供支持。

（六）跨境电子商务人才培养与团队建设

分析跨境电子商务专业人才需求，探讨跨境电商人才培训模式，以及团队建设在企业中的重要性，为企业人才队伍的建设和培养提供指导和支持。

（七）跨境电子商务风险管理研究

分析跨境电商市场风险、交易安全保障以及技术、市场、法律等方面的风险及防范策略，帮助企业有效应对各种风险挑战，保障业务稳健发展。

二、研究范围

本研究的范围涵盖了跨境电子商务领域的多个关键方面，具体分为以下几个主要方面：

```
┌─────────────────┐
│    研究范围      │
└─────────────────┘

┌─────────────────┐      ┌──────────────────────────┐
│ 跨境电子商务基础 │──────│ 跨境电子商务的定义和范围 │
│ 概念的详细解析   │      ├──────────────────────────┤
│                 │──────│ 跨境电子商务的特点和优势 │
│                 │      ├──────────────────────────┤
│                 │──────│跨境电子商务的发展历程及影响│
└─────────────────┘      └──────────────────────────┘

┌──────────┐   ┌─────────────────┐
│ 技术创新 │───│ 跨境电子商务创新 │
├──────────┤   │ 趋势分析         │
│商业模式创新│──│                 │
├──────────┤   │                 │
│ 服务创新 │───│                 │
└──────────┘   └─────────────────┘

               ┌─────────────────┐      ┌──────────────┐
               │ 跨境电子商务模式的│──────│   B2模式     │
               │ 分类与案例分析   │      ├──────────────┤
               │                 │──────│   B2C模式    │
               │                 │      ├──────────────┤
               │                 │──────│   C2C模式    │
               │                 │      ├──────────────┤
               │                 │──────│  其他新兴模式 │
               └─────────────────┘      └──────────────┘

┌──────────┐   ┌─────────────────┐
│ 创新战略 │───│ 跨境电子商务创新 │
├──────────┤   │ 策略研究         │
│创新团队建设│──│                 │
├──────────┤   │                 │
│ 案例分析 │───│                 │
└──────────┘   └─────────────────┘

               ┌─────────────────┐      ┌──────────────┐
               │ 跨境支付与金融   │──────│ 跨境支付方式 │
               │ 创新深入探讨     │      ├──────────────┤
               │                 │──────│ 支付安全与合规│
               │                 │      ├──────────────┤
               │                 │──────│ 金融科技创新 │
               └─────────────────┘      └──────────────┘

┌──────────┐   ┌─────────────────┐
│人才需求分析│──│ 跨境电子商务人才培养│
├──────────┤   │ 与团队建设研究   │
│ 培训模式 │───│                 │
├──────────┤   │                 │
│ 团队建设 │───│                 │
└──────────┘   └─────────────────┘

               ┌─────────────────┐      ┌──────────────┐
               │ 开机电子商务风险 │──────│   市场风险   │
               │ 管理的研究       │      ├──────────────┤
               │                 │──────│交易安全与风险防范│
               │                 │      ├──────────────┤
               │                 │──────│技术、市场、法律等风险│
               └─────────────────┘      └──────────────┘
```

图 1-2　研究范围架构图

（一）跨境电子商务基础概念的详细解析

1.跨境电子商务的定义和范畴

2.跨境电子商务的特点和优势

3.跨境电子商务的发展历程及其对全球经济的影响

（二）跨境电子商务创新趋势的分析

1.技术创新：人工智能、大数据、物联网等技术在跨境电商中的应用

2.商业模式创新：平台经济、共享经济、区块链等新型商业模式的探索

3.服务创新：个性化定制、跨境物流、售后服务等方面的创新趋势

（三）跨境电子商务模式的分类与案例分析

1.B2B 模式：企业间电子商务的运作模式和案例分析

2.B2C 模式：企业向消费者直接销售的模式极其成功案例

3.C2C 模式：消费者间的电子商务交易模式及其发展现状

4.其他新兴模式：如社交电商、跨境直播电商等模式的特点和案例分析

（四）跨境电子商务创新策略的研究

1.创新战略：企业在跨境电商领域的战略选择和实施

2.创新团队建设：培养和管理具有创新能力的团队的策略和实践

3.案例分析：成功企业的创新策略案例分析及启示

（五）跨境支付与金融创新的深入探讨

1.跨境支付方式：支付宝、PayPal 等跨境支付工具的应用与发展趋势

2.支付安全与合规：支付安全风险及合规政策解读

3.金融科技创新：区块链技术、智能支付等金融科技在跨境电商中的应用案例

（六）跨境电子商务人才培养与团队建设的研究

1.人才需求分析：跨境电商领域专业人才的需求与供给情况

2.培训模式：企业内部培训和外部培训的模式与实践

3.团队建设：团队构建与管理、团队协作与创新的策略与方法

（七）跨境电子商务风险管理的研究

1.市场风险：市场竞争、政策变化等带来的风险分析与预测

2.交易安全与风险防范：信息安全、交易风险及防范策略的探讨

3.技术、市场、法律等风险：技术风险、市场风险、法律风险的分析与应对策略

第四节　研究方法论

一、文献综述法

（一）系统梳理国内外相关文献

在进行文献综述时，首先要进行系统梳理国内外相关文献。这包括收集和归纳关于跨境电子商务领域的学术论文、行业报告、书籍、研究报告等文献资料。在这一过程中，需要广泛查阅国内外权威数据库、学术期刊、会议论文等渠道，以确保获取的文献具有权威性和可靠性。此外，还应该关注跨境电商领域的前沿研究成果和最新发展动态，不断更新和扩充文献资料，确保研究的全面性和时效性。

（二）分析研究现状和理论基础

在收集到相关文献后，需要对其中涉及的跨境电商发展历程、创新模式、市场趋势等方面进行梳理和分析。这包括对文献中提出的各种理论观点、研究方法和研究成果进行综合评价和总结。通过对研究现状和理论基础的分析，可以深入理解跨境电商领域的相关概念和理论框架，为后续研究提供理论依据和参考框架。

（三）结合历史进程和实际案例

除了对文献进行分析外，还需要对跨境电商发展的历史进程和实际案例结合来进行深入探讨。通过对跨境电商发展历史的回顾和实际案例的分析，可以更加全面地了解跨境电商的发展规律和趋势。同时，还可以从实际案例中提取出成功和失败的经验教训，为后续研究提供深入启示和理论支持。

二、实证研究法

（一）实地调研和问卷调查

实地调研和问卷调查是实证研究法的重要环节之一。通过实地走访跨境电商企业、与行业专家进行深入交流，可以直接获取到企业的运营情况、发展策略、市场需求等实际数据。同时，设计和实施相关问卷调查，可以收集到消费者对跨境电商平台的满意度、购物习惯、偏好等方面的数据信息。通过这些实地调研和问卷调查，可以全面了解跨境电商领域的市场现状和消费者行为特点，为后续研究提供实证支持和数据基础。

（二）数据整理和分析

在收集到实际数据后，需要对其进行整理、分类和统计分析。数据整理包括对收集到的数据进行清洗、归档和整合，以确保数据的完整性和准确性。然后，对整理后的数据进行分类，根据研究目的和问题，将数据进行分类存储和标记。最后，通过统计分析工具对数据进行分析，包括描述性统计、相关性分析、回归分析等方法，从而深入了解市场需求、行业现状和消费者行为，为研究提供实证支持和数据依据。

三、案例分析法

（一）选取典型案例

在进行案例分析时，首先需要选取跨境电商领域具有代表性和影响力的企业或项目作为研究对象。这些案例可以包括成功的跨境电商企业如亚马逊、阿里巴巴、京东等，也可以包括一些失败的案例如 Fab 和 Gilt 等。通过选取这些典型案例，可以全面了解跨境电商领域的发展现状和特点，为后续研究提供实证基础和数据支持。

（二）深入分析和比较

在选取典型案例后，需要进行深入分析和比较。对选取的案例进行细致分析，包括其发展模式、创新策略、市场定位、商业模式等方面的特点。通过对这些方面的分析，可以揭示出案例的成功因素和关键问题，并从中汲取经验教训。同时，还需要对不同案例进行比较，找出它们之间的异同，从而总结出成功和失败的经验教训，为后续研究提供启示和指导。

四、数据统计法

（一）利用现有数据和相关报告

在进行数据统计法的研究时，首先需要收集和整理跨境电商领域的相关统计数据、行业报告和研究成果。这包括市场规模、行业结构、竞争格局、消费者行为等方面的数据信息。通过收集和整理这些现有数据和相关报告，可以全面了解跨境电商领域的发展现状和特点，为后续的数据分析和解读提供数据基础和参考依据。

（二）数据分析和解读

在收集到数据后，需要对其进行统计分析和解读。数据分析包括用统计描述、趋势分析、相关性分析等统计方法对收集到的数据进行分析和研究，以发现行业发展的趋势和问题。同时，还需要对数据进行深入解读，探讨数据背后的原因和影响因素，为企业决策提供数据支撑和参考依据。通过数据分析和解读，可以全面了解跨境电商领域的发展现状和趋势，为企业提供科学的决策建议和战略规划。

第二章　跨境电子商务基础概念

第一节　跨境电子商务概念解析

一、跨境电子商务的概念

（一）跨境电子商务的定义

跨境电子商务是指利用互联网和电子技术，帮助不同国家或地区的买卖双方完成交易的一种商业活动。这种交易可以涉及产品、服务、资金等方面，是在跨越国界的情况下进行的电子商务活动。跨境电子商务的发展使得全球范围内的商业活动变得更加便捷和高效。

1.利用互联网和电子技术

跨境电子商务以互联网和电子技术为基础，通过在线平台和数字化渠道促成国际贸易活动。这种商业活动的核心在于信息技术这一基础交易方式，使得跨国贸易过程更为高效便捷，同时也打破了传统地域限制，实现了全球范围内的商业交流和合作。

（1）互联网的应用

互联网的普及和发展是跨境电子商务得以实现的重要前提。通过互联网，买卖双方可以在全球范围内实现即时的交流和信息传递。在线平台提供了一个便捷的交易场所，消费者可以在不同的国家或地区浏览商品信息、下订单、支付款项等。

（2）电子技术的运用

电子技术在跨境电子商务中发挥着关键作用。从产品展示到订单处理再到支付结算，各个环节都依赖于电子技术的支持。数字化渠道为商家和消费者提供了便捷的交易环境，使得跨国贸易变得更为高效和灵活。

（3）在线平台的建设

跨境电子商务主要通过在线平台来实现买卖双方的交易活动。这些在线平台如亚马逊、阿里巴巴、eBay 等，为全球的商家和消费者提供了一个统一的交易场所。通过这些平台，消费者可以轻松购买来自世界各地的商品，而商家也能够将产品销售拓展至全球市场。

利用互联网和电子技术，跨境电子商务实现了交易的高效便捷。消费者无须受制于时间和地域的限制，可以随时随地进行购物，而商家也能够实时了解市场需求，提供更及时的服务。这种高效便捷的特点极大地促进了国际贸易的发展和全球经济的繁荣。

2. 涉及产品、服务、资金等方面

跨境电子商务的范畴涵盖了多个方面，其中包括但不限于产品、服务、资金等，这些方面的涉及使得跨境电子商务具有了广泛的适用性和实用性。

（1）产品

在跨境电子商务中，消费者可以通过在线平台购买来自全球各地的商品。这些商品可能涵盖了日常生活所需的各类产品，包括衣物、电子设备、家居用品等。跨境电子商务为消费者提供了更加丰富多样的选择，使得他们可以从全球范围内挑选到最适合自己需求的产品。

（2）服务

除了商品交易外，跨境电子商务还涉及服务的提供。这些服务可能包括在线咨询、远程教育、医疗咨询等多个领域。通过互联网和电子技术，消费者可以享受到来自不同国家或地区提供的高质量服务，而不再受限于地域和时间的限制。

（3）资金

跨境电子商务使得资金的跨境流动成为可能。消费者可以通过在线支付平台进行跨境支付，购买来自全球各地的商品和服务。同时，商家也能够通过在线支付平台收取跨境交易的货款，实现资金的安全、便捷地跨境流动。这种资金流动的便利性促进了国际贸易的发展，推动了全球经济的繁荣。

3. 全球范围内的商业活动更加便捷和高效

跨境电子商务的发展极大地改变了全球商业活动的方式和模式，使得商家和消费者之间的交流和合作变得更加便捷和高效。由于不再受制于地理位置和时间的限制，跨境电子商务为商业活动提供了全新的可能性和机会。

通过跨境电子商务，商家可以轻松地将产品推向全球市场，无须设立实体店面，也无须承担过多的物流成本。消费者可以在任何时间、任何地点通过互联网平台浏览和购买来自世界各地的商品和服务。这种便捷的购物方式不仅节省了时间和精力，也提供了更多的选择和比较的机会，消费者可以根据自己的需求和偏好轻松地找到最合适的商品。

在跨境电子商务中，支付方式也变得更加灵活和便利。消费者可以通过各种在线支付方式进行支付，如信用卡、支付宝、PayPal 等，无须考虑货币兑换和汇款手续等问题。同时，电子支付的安全性和快捷性也大大提高了交易的效率和便利性，为商业活动的进行提供了更加稳定和可靠的支持。

另外，跨境电子商务为商家和消费者提供了更加精准和个性化的服务。通过大数据分析和人工智能技术，商家可以更好地了解消费者的需求和偏好，提供更加符合其需求的产品和服务。消费者也可以根据个人喜好和购买历史获得个性化的推荐和服务，提升了购物的体验和满意度。

（二）跨境电子商务的实质

跨境电子商务的实质在于利用互联网和电子技术作为载体，促使跨国贸易的进行变得更加便捷和高效。在传统的跨国贸易中，商家和消费者之间的交易过程可能受到时间、空间和信息传递等方面的限制，而跨境电子商务通过电子渠道打破了这些限制，实现了商业活动的全球化和数字化。

首先，跨境电子商务借助互联网的力量，实现了商家和消费者之间的直接联系和交流。通过在线平台，商家可以将产品信息展示给全球范围内的消费者，消费者也可以通过互联网轻松找到自己需要的商品和服务。这种直接的联系和交流大大简化了贸易活动的流程，减少了中间环节和时间成本，提高了交易的效率。

其次，跨境电子商务使得国际贸易活动更加规范和便捷。在电子商务平台上，交易双方可以完成要约邀请、发出要约、达成承诺、签订合同、履行合同等一系列法律行为，这些行为都能够通过数字化的方式记录和管理。因此，跨境电子商务不仅简化了交易的流程，还提高了交易的安全性和合规性，降低了交易风险。

最后，跨境电子商务还为商家和消费者提供了更加广阔的市场和更多的选择。通过在线平台，商家可以将产品推向全球市场，而消费者也可以在全球范围内选择最适合自己的商品和服务。这种市场的扩大和选择的增加，为消费者提供了更多的购物机会，同时也为商家带来了更大的发展空间。

二、跨境电子商务的特征

在跨境电子商务中，其特点主要体现在以下几个方面：（架构图见图 2-1）

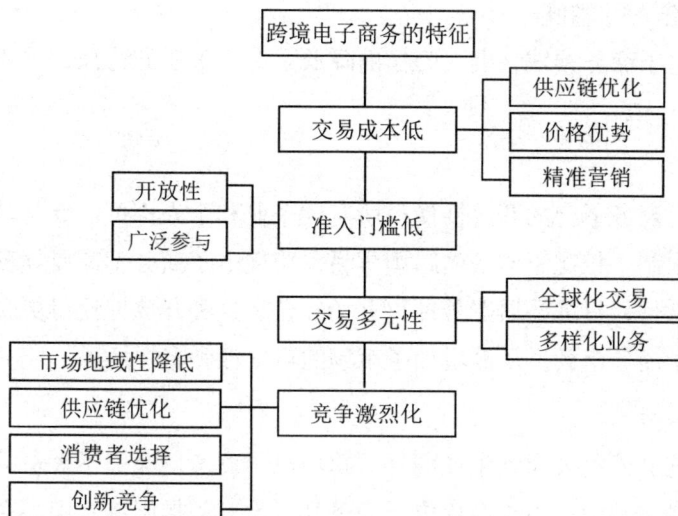

图 2-1 跨境电商特征架构图

（一）交易成本低

1. 供应链优化

跨境电子商务通过优化供应链，减少了中间环节和商品流转次数，从而降低了整个交易链条的成本。传统的跨国贸易往往需要经过多个中间商和渠道，而跨境电子商务则可以直接将生产商、供应商和消费者连接起来，缩短了交易的链条，降低了中间环节的费用。

2. 价格优势

通过跨境电子商务平台购买商品，消费者往往可以享受到价格更低的产品。这是因为跨境电子商务打破了地域限制，使得消费者可以从全球范围内选择商品，从而增加了市场的竞争性，促使商家降低价格以吸引消费者。同时，由于跨境电子商务减少了中间环节，商家也能够提高利润率，在一定程度上降低了商品的成本，从而实现了双赢的局面。

3. 精准营销

跨境电子商务平台提供了丰富的数据分析和精准营销工具，使得商家可以更加精准地锁定目标消费群体，提高营销效率。通过利用网络信息平台进行精准营销，商家能够根据消费者的浏览记录、购买行为等数据，针对性地推送产品信息和优惠活动，从而有效提升品牌形象，吸引更多消费者的关注和购买意愿，降低了营销成本。

（二）准入门槛低

在跨境电子商务领域，准入门槛的降低是一项重要的特征，主要体现在以下几个方面：

1. 开放性

跨境电子商务平台的开放性使得所有的企业和个人都可以参与其中，而且几乎没有门槛限制。相比于传统的跨国贸易，跨境电子商务不需要烦琐的行政审批手续和准入条件，只需注册账号即可开始经营。这种开放性使得更多的主体可以进入跨境电子商务市场，从而增加了市场的竞争性和多样性。

2. 广泛参与

除了传统的外贸公司和生产商外，跨境电子商务还吸引了大量的中小企业和个体经营者参与其中。由于跨境电子商务几乎没有门槛限制，中小企业和个体经营者也能够利用电子平台进行跨境交易，拓展国际市场。这种广泛的参与使得跨境电子商务市场更加活跃，为经济的发展和就业的增长提供了新的动力。

（三）交易多元性

在跨境电子商务领域，交易的多元性是其重要特征之一，主要体现在以下几个方面：

1. 全球化交易

跨境电子商务不仅限于双边贸易，而且可以涉及多个国家或地区之间的交易，形成纵横交错的全球交易网络。例如，一家中国企业可以通过跨境电子商务平台将产品销售到美国、欧洲、澳大利亚等多个国家，同时也可以从这些国家购买商品进行销售。这种全球化的交易模式使得商业活动不再受限于地域，极大地拓展了市场范围。

2. 多样化业务

跨境电子商务不仅限于商品交易，而且还包括服务、资金等方面的交易，从而形成了多元化的交易模式。除了传统的商品销售外，跨境电子商务还涉及服务行业，如软件开发、咨询服务等；同时也涉及资金的跨境流动，包括跨境支付、外汇兑换等。这种多样化的业务形式为不同类型的企业和个人提供了更广泛的交易选择，满足了不同需求的市场需求。

（四）竞争激烈化

在跨境电子商务领域，竞争的激烈化体现在多个方面，具体表现如下：

1. 市场地域性降低

传统的外贸交易主要集中于沿海地区，而跨境电子商务的兴起使得内陆地区也具备了参与国际贸易的机会，进一步降低了市场的地域性。这导致了市场竞争的日益激烈化，各地区的企业都需要面对来自全球的竞争压力。

2. 供应链优化

跨境电子商务的供应链更加灵活高效，中小企业以及个体经营者也能够通过跨境电商平台获得全球供应商资源，使得商品供应更加多元化。这种供应链的优化提高了产品的竞争力，同时也加大了市场上的竞争压力。

3. 消费者选择

消费者可以通过网络平台轻松获取全球商品信息，不再局限于本地或国内市场。这使得商品之间的竞争更加激烈，消费者更加倾向于选择品质优良、价格合理的商品。因此，企业必须更加注重产品的质量和服务水平，才能吸引更多消费者。

4. 创新竞争

跨境电子商务领域的竞争不仅体现在产品和价格上，还包括创新能力和服务体验。企业需要不断创新，在产品设计、营销策略、客户服务等方面提供差异化的竞争优势，才能在激烈的市场竞争中脱颖而出。

第二节　跨境电子商务发展历程

跨境电子商务发展历程经历了多个阶段，每个阶段都伴随着技术、商业模式和市场环境的变化。以下将详细介绍跨境电子商务从起步到如今竞争激烈的发展历程。

一、跨境电商发展第一阶段

（一）商业模式初探

在跨境电商发展的早期阶段，主要采用的商业模式是网上展示、线下交易的外贸服务模式。企业将产品信息展示在网络平台上，但交易仍然在线下完成，主要功能是为企业提供网络展示平台。

1. 商业模式转变的背景

在早期阶段，随着互联网技术的崛起和电子商务的初步萌芽，跨境电商的商业模式处于一种探索与试验的状态。此时，企业们主要采用在线展示产品信息的方式，试图吸引海外买家的关注和购买欲望。然而，这一初步的商业模式面临着诸多挑战和限制。首先，由于网络基础设施和支付体系的不完善，跨境交易存在着一定的信任缺失和支付风险，使得消费者对于在国外购物的信心薄弱。其次，由于国际物流体系的不发达，订单的配送速度和可靠性受到了严重影响，长时间的等待和不确定性成为消费者心中的拦路虎。最后，涉及跨境交易的税收政策、法律法规等方面的不确定性也给企业的经营带来了诸多不确定性和风险。面对这些挑战，企业们开始不断探索和创新，试图寻找适应时代变化的商业模式。在这个过程中，一些企业开始尝试建立起更加完善的在线购物平台，通过搭建安全可靠的支付系统和高效快速的国际物流体系，来提升消费者的购物体验和信任度。不仅如此，一些企业还积极探索跨境电商的产品定制和个性化服务，以满足不同国家和地区消费者的特殊需求，提升竞争力和市场份额。与此同时，随着跨境电商市场的不断扩大和发展，一些新兴技术如人工智能、大数据等也被逐渐引入到跨境电商的经营管理中，为企业提供了更多的发展机遇和可能性。

2. 网上展示与线下交易的结合

在跨境电商初期阶段，由于技术和支付手段的限制，企业主要采用了网上展示与线下交易相结合的模式。在这一模式中，企业在互联网平台上展示产品信息，但实际的交易仍然需要通过传统的方式进行，例如传真、电话等。这种模式的出现是因为当时的网络支付系统尚未成熟，消费者缺乏对在线支付的信任，国际物流配送也面临着不确定性和效率低下的挑战。因此，企业选择通过在线展示产品信息，吸引海外买家的兴趣，但最终的交易过程则依赖于传统的线下方式进行。虽然这种模式为海外买家提供了了解中国产品和企业的途径，但其交易过程相对烦琐，效率较低。买家需要通过传真或电话与企业进行沟通，进行价格谈判、订单确认等步骤，整个过程耗时较长且缺乏实时性。由于信息传递过程中存在可能的误解和沟通障碍，也增加了交易的风险和不确定性。尽管这种模式在当时是一种妥协和权宜之计，但随着互联网技术和支付手段的不断完善，以及国际物流配送的提升，企业逐渐摒弃了这种传统的网上展示、线下交易模式，转向更加高效便捷的在线支付和国际物流配送体系，以提升跨境电商交易的效率和便利性。

（二）业务特点

这一阶段的跨境电商主要是为了提供信息展示，让国际买家了解到中国的产品和企业。由于技术和支付手段的限制，交易主要还是通过传统的方式进行，没有形成完整的线上交易流程。

1. 提供产品信息的网络平台

早期的跨境电商平台主要功能是为企业提供网络展示平台，让他们能够将产品信息展示给海外的潜在买家。这为中国企业拓展国际市场提供了新的渠道。

2. 传统方式进行交易

由于在线支付等电子支付手段尚未普及，交易仍然需要通过传统的方式进行，如邮寄样品、传真订单、电话确认等。这导致交易过程相对烦琐，且存在一定的不确定性。

3. 技术和支付手段的限制

在早期阶段，互联网技术尚未成熟，电子支付手段不够安全可靠，这限制了跨境电商的发展。因此，跨境电商主要是以信息展示为主，交易仍然依赖于传统的方式进行。

二、跨境电商发展第二阶段

（一）跨境电商 2.0 阶段

在 2004 年，跨境电商迎来了 2.0 的发展阶段。这个阶段，跨境电商平台开始摆脱纯信息展示的模式，将交易、支付、物流等流程电子化，逐步实现在线交易平台。

1. 跨境电商平台的升级

随着技术的发展和电子商务市场的需求增加，跨境电商平台逐渐摆脱了早期的信息展示模式，开始向交易平台转变。这一阶段，跨境电商平台开始着力解决在线交易过程中的支付、物流等问题，使得整个交易过程更加便捷、高效。

2. 电子化交易流程的实现

跨境电商 2.0 阶段着重将交易、支付、物流等流程电子化，使得买卖双方可以在线上完成整个交易流程。通过在线支付、电子合同签订以及国际物流配送等方式，实现了跨境交易的全程电子化，极大地提高了交易的效率和便捷程度。

（二）主流模式变化

相比于第一阶段，跨境电商 2.0 更加体现了电子商务的本质，主要采用 B2B 和 B2C 两种模式。其中，B2B 平台模式成为主流，通过平台对企业进行直接对接，进一步缩短了产业链，提升了商品销售的利润空间。

1. B2C 模式的兴起

除了 B2B 模式，跨境电商 2.0 阶段也见证了 B2C 模式的兴起。通过 B2C 平台，消费者可以直接在跨境电商平台上购买海外商品，享受到更多样化的选择和更便捷的购物体验。这种模式的出现拓宽了消费者的购物渠道，同时也为跨境电商带来了更广阔的市场空间。

2. B2B 模式的发展

在跨境电商 2.0 阶段，B2B 平台模式成为主流模式。通过 B2B 平台，供应商和采购商可以直接在平台上进行交易，大大简化了传统的采购流程，降低了交易成本。此外，B2B 平台还为中小企业提供了更多的机会，使得他们能够更容易地参与到国际贸易中来。

三、跨境电商发展第三阶段

随着技术和市场环境的变化，2013 年成为跨境电商重要的转型年，全产业链都出现了商业模式的变化。跨境电商开始迎来了 3.0 阶段的发展，这个阶段被称为跨境电商的"大时代"。在这一阶段，跨境电商的规模和影响力进一步扩大，各种创新模式不断涌现，推动了跨境电商的发展。

（一）跨境电商的规模扩大

1. 全球化业务覆盖范围扩大

跨境电商在第三阶段迎来了全球化发展的机遇，跨境电商平台覆盖的国家和地区不断扩大。大型跨境电商平台如亚马逊、阿里巴巴等开始进军海外市场，开设跨境电商业务，实现了商品和服务的全球化交易。

2. 跨境电商细分领域的兴起

在跨境电商的第三阶段，出现了越来越多的细分领域，涵盖了服装、家居、食品、美妆、数码等多个行业。各个细分领域的跨境电商平台相继涌现，满足了不同消费者群体的需求，丰富了跨境电商的业务形式。

（二）创新模式的涌现

1. 跨境电商跨境仓储模式的应用

为了解决跨境电商中的物流难题，第三阶段的跨境电商开始采用跨境仓储模式。通过在全球各地建立跨境仓库，实现商品的就近存储和配送，大大提高了商品的交付速度和服务质量。

2. 跨境电商平台的跨境支付创新

在跨境电商发展的第三阶段，跨境支付成了一个重要的创新领域。各大跨境电商平台纷纷推出跨境支付解决方案，提供多种支付方式和货币结算服务，为跨境交易的顺利进行提供了便利。

3. 跨境电商平台的人工智能和大数据应用

为了提升用户体验和交易效率，第三阶段的跨境电商开始广泛应用人工智能和大数据技术。通过对用户行为和偏好的分析，跨境电商平台可以精准推送商品和个性化服务，提高了用户的购物体验和满意度。

四、跨境电商发展的第四阶段

（一）行业发展变迁

随着跨境电商行业的不断发展，第四阶段呈现出了一系列行业发展的变迁，其中包括更多年轻人的参与以及商品品类的多样化。

1. 越来越多年轻人的参与

在第四阶段，跨境电商行业吸引了越来越多年轻人的参与，尤其是南方地区的年轻人。这些年轻人不仅积极参与到跨境电商的卖家队伍中，还开始涉足更多品类的国货销售，而不仅仅局限于仿牌产品。他们开始关注 3C 电子产品、服装、美容化妆等多个品类的国货，为跨境电商行业带来了新的活力和创新。

2. 商品品类的多样化

随着年轻人的参与增加，跨境电商行业的商品品类也呈现出了多样化的趋势。除了传统的仿牌产品外，跨境电商开始涉足更多种类的商品，包括 3C 电子产品、服装、美容化妆等。这种多样化的商品品类丰富了跨境电商的业务形式，满足了不同消费者群体的需求。

（二）平台竞争加剧

在跨境电商发展的第四阶段，平台之间的竞争愈加激烈，这主要体现在以下几个方面：

1. 大数据和推送算法的应用

一些跨境电商平台开始依靠大数据和推送算法来提升用户体验和销售效率。通过分析用户行为和偏好，这些平台可以精准推送商品和个性化服务，吸引更多用户并提高交易转化率。

2. 新型商业模式的涌现

随着技术的不断进步，一些新型商业模式在跨境电商领域开始涌现。例如，社交电商、直播带货等模式逐渐受到关注，成为跨境电商发展的新动力。

3. 国际化拓展

为了在激烈的竞争中脱颖而出，一些跨境电商平台开始加大国际化拓展的力度。它们积极进军海外市场，开展跨境业务，提升了品牌在全球范围内的知名度和影响力。

第三节　跨境电子商务市场现状与趋势

一、中国跨境电子商务的发展现状

随着经济全球化与信息化的不断深入发展，跨境电商已经成为全球贸易活动的亮点和新增长点。跨境电商作为中国外贸经济的新业态之一，在国际贸易中发挥着日益重要的作用，未来将成为中国对外贸易发展的中坚力量。

（一）跨境电商行业规模及发展现状

跨境电商行业规模及发展现状展现出了巨大的潜力和活力。在庞大的市场需求和信息技术的日益成熟的推动下，跨境电商迅速崛起。以天猫国际、考拉海购等为代表的跨境电商平台的不断涌现，为行业的发展提供了有力支持。据统计数据显示，截至 2023 年，我国跨境电商进出口总额达到 2.38 万亿元，同比增长 15.6%。其中，出口额达到 1.83 万亿元，同比增长 19.6%，而进口额也保持稳定增长，达到 5483 亿元，同比增长 3.9%。这些数据清晰地表明，跨境电商已成为我国外贸领域的重要组成部分，为国家贸易总值的增长注入了新动力。

跨境电商的成功离不开其灵活、高效、韧性的供应链体系。这一供应链体系不仅支撑着跨境电商平台的正常运营，也为全球贸易增长注入了新的活力。随着全球化进程的不断深入，越来越多的我国企业开始将目光投向海外市场，寻求更广阔的发展空间。跨境电商出口成为这些企业实现国际化、扩大市场份额的重要途径。与传统的外贸模式相比，跨境电商具有更低的进入门槛和更广阔的市场覆盖面，能够为企业带来更为灵活和高效的贸易方式。

随着海外市场需求的不断扩大以及传统外贸企业的转型升级，跨境电商行业正呈现出蓬勃的发展态势。越来越多的企业意识到跨境电商的巨大商机，并积极参与其中。同时，政府也加大了对跨境电商行业的支持力度，出台了一系列政策措施，促进行业的规范发展。可以预见的是，未来跨境电商行业将继续保持高速增长，为我国经济的持续发展和全球贸易的繁荣做出更大的贡献。

（二）中国跨境电子商务试点城市发展现状

2012年12月19日，中国政府在郑州召开了关于启动国家跨境贸易电子商务服务试点的特别会议，标志着我国跨境电商试点工作的全面启动。在这次会议上，海关总署详细部署了跨境电商试点建设的主要任务和具体实施计划，并授牌郑州、杭州、上海、宁波、重庆等5个城市为我国跨境贸易电子商务服务试点承建单位。此后，又陆续新增了广州、深圳、天津等试点城市。

这些跨境电商试点城市在跨境贸易方面呈现出几个显著特征。首先，它们实行封闭管理，设立了由海关、检验检疫部门入驻管理的A类特殊监管区域。在这些区域内，进行了严格的监管和管理，以确保跨境电商交易的合规性和安全性。其次，这些试点城市的电商前端平台具有非贸易性质，主要作为提供商品交易的第三方平台存在，代表购买者完成个人进口申报，但平台需要对所交易的商品承担担保责任。第三，试点城市建立了唯一的与海关电子口岸对接的公共服务平台，用于汇总来自电商平台的订单数据、支付请求以及物流数据等信息，以确保信息的准确性和及时性。最后，重要的流程包括个人身份信息认证、行邮税直接扣缴以及货款直接支付境外（非贸易）等。

这些试点城市的建设和发展为我国跨境电商行业的发展奠定了坚实的基础，也为全国其他地区的跨境电商发展提供了宝贵的经验和参考。通过试点城市的探索和实践，我国跨境电商行业得以不断完善和规范，为我国外贸发展注入了新的活力和动力。同时，试点城市的建设也推动了跨境电商行业的创新和发展，为我国经济的转型升级提供了新的支撑和动力。

（三）主要试点城市跨境电商概况

上海作为我国首批跨境电子商务试点城市之一，其跨境电商发展呈现出多样化和开放性的特点。在上海，跨境电商交易模式主要包括跨境通模式、直购模式以及自贸模式。跨境通模式是指跨境电商企业将商品直接发往中国内地，由国内的电商平台进行销售和配送；直购模式则是指消费者直接从国外跨境电商平台上购买商品，通过海关通关后直接送达消费者手中；自贸模式是指企业将商品先进口至自由贸易区，再根据订单进行分拨配送，实现快速清关和配送。这些模式的灵活运用，为上海跨境电商的发展提供了多元化的选择，也为消费者提供了更加便捷的购物体验。

在上海，跨境电商产业链非常完善，已有近百家电子商务企业以及约50家物流仓储企业在上海自贸区范围内完成了跨境电商相关业务的备案工作。这些企业的业务范围几乎涵盖了全球所有跨境电商热点国家和地区，包括欧盟国家、日本、韩国、美国、澳大利亚、英国、法国、新西兰、德国等。这种全球化的业务布局，为上海跨境电商的进一步拓展提供了坚实的基础和广阔的空间。

杭州作为中国电子商务的发源地，也是一座重要的跨境电商试点城市。杭州的跨境电商交易以"跨境一步达"为主要特色和优势。作为杭州跨境电子商务产业园的核心，阿里巴巴速卖通将直购进口模式与保税进口模式集中在一起，为跨境电商企业提供了便利和支持。在杭州，跨境电商产业园不仅是一个集中展示、交易和配送的场所，更是一个集商品展示、海外仓储、清关通关、物流配送等功能于一体的综合服务平台。这种集约化的产业布局，使杭州成为中国跨境电商产业链的重要节点和核心枢纽。

作为全国首批跨境电商试点城市之一，重庆的跨境电子商务贸易发展具有独特的优势和特色。重庆是中国唯一一个拥有保税出口、保税进口、一般出口、一般进口四种跨境电商业务模式的试点城市。这种全业务模式的运作，为重庆的跨境电商贸易带来了极大的便利和推动力。同时，重庆的地理位置优越，毗邻国际大港口，具有便捷的海陆空交通条件，为跨境电商的物流配送提供了有力支持。重庆的跨境电商产业链不断完善，涵盖了从商品采购到物流配送的全过程，为跨境电商企业提供了一站式的服务和支持。

广州作为中国的外贸重镇和华南地区的经济中心，其跨境电商交易规模居全国前列。广州的跨境电商发展以B2B和B2C为主，主要有一般出口模式、一般进口模式和保税出口模式等业务模式。广州市作为广东省的省会城市，具有丰富的外贸资源和优越的区位条件，兼具了港口城市和内陆城市的特点。广州的跨境电商产业链完善，涵盖了从商品采购、仓储物流到销售配送的全流程，为跨境电商企业提供了全方位的支持和服务。

作为浙江省的港口城市，宁波的跨境电商发展以跨境电商保税进口为主要着力点。宁波依托其优越的地理位置和港口资源，推出了"跨境购"电子商务交易平台，并借助保税区的传统优势，以"保税备货"为主要业务模式，为跨境电商企业提供了便捷的进口通道和优惠的政策支持。宁波的跨境电商发展呈现出快速发展的势头，为该市的外贸和经济发展注入了新的活力和动力。

二、跨境电商发展趋势分析

（一）交易产品种类的多元化

在跨境电商的发展过程中，交易产品的种类不断扩展和多元化，反映出市场需求的变化和跨境电商企业拓展业务的策略调整。

1. 扩展交易品类

跨境电商平台上的交易品类已经经历了从传统的方便运输产品到更加多样化的商品的扩展。最初，跨境电商主要以一些容易运输、易于展示的产品为主，例如服装服饰、计算机及其零配件、珠宝首饰等。这些产品具有较小的体积和重量，便于跨境物流和海外运输，因此成为跨境电商的主要交易品类。

然而，随着跨境电商行业的发展和技术的进步，交易品类开始呈现出更加多样化和丰富化的趋势。一些大型产品，如汽车、工业器械等，也逐渐出现在跨境电商平台上。这种扩展不仅丰富了产品种类，也为中国出口商品更好地满足海外市场需求提供了更多选择。

汽车作为一种大型商品，过去往往需要通过传统的汽车经销商进行销售和交易。然而，随着跨境电商的发展，越来越多的汽车品牌选择通过在线平台直接向海外消费者销售汽车产品。消费者可以通过跨境电商平台直接购买汽车，并享受到更加便捷、快速的购车体验。

与之相似，工业器械等大型设备也开始出现在跨境电商平台上进行交易。传统上，这类产品的交易往往需要复杂的供应链和中间环节，而跨境电商平台的出现为生产商和消费者之间的直接联系提供了可能性。通过在线平台，消费者可以直接了解到各种工业设备的信息、价格和性能，并进行购买。这种直接的交易方式不仅简化了交易流程，还降低了交易成本，促进了全球范围内工业设备的交易和流通。

2. 提供更完善的购销服务

随着跨境电商平台上交易品类的增加，跨境电商企业得以提供更加全面的购销服务，从而更好地满足不断增长的网购消费者群体的需求。这种扩展不仅为消费者提供了更多的选择，也为企业创造了更多的商机和竞争优势。

首先，随着交易品类的增加，跨境电商平台上的产品选择变得更加多样化。消费者可以在同一个平台上找到来自全球各地的各种产品，无论是服装、电子产品、家居用品，还是大型设备和工业器械，都能够轻松找到满足自己需求的商品。这种多样化的产品选择为消费者提供了更广阔的购物空间，使他们能够更好地满足个性化和多样化的消费需求。

其次，跨境电商企业通过灵活的交易方式提供更加便捷的购销服务。传统的国际贸易往往受限于地域和时间的限制，而跨境电商平台的出现打破了这些限制。消费者可以随时随地通过网络平台进行商品购买，无须受到地域和时间的束缚。同时，跨境电商企业还提供了多种支付方式和物流配送选项，消费者可以根据自己的实际情况选择最适合的支付方式和配送方式，从而提高了购物的便利性和满意度。

最后，跨境电商企业还通过提供优质的售后服务和客户支持，进一步增强了购销服务的完善性。消费者可以通过在线客服系统获得及时的咨询和帮助，解决购物过程中遇到的问题和疑虑。同时，跨境电商企业还提供了灵活的退换货政策和保修服务，确保消费者在购物过程中享有更加安心和放心的体验。

3.调整优化出口产品结构

随着跨境电商平台上交易品类的多元化，跨境电商企业开始调整和优化中国出口产品的结构，以适应市场需求的变化和提升整体盈利能力。这种调整和优化主要体现在以下几个方面：

第一，跨境电商企业通过拓展新的产品领域来丰富出口产品结构。传统上，中国出口主要集中在一些传统的产品领域，如服装、家居用品、电子产品等。然而，随着跨境电商的发展，消费者对于更多种类的产品需求不断增加，企业开始将目光投向了新的产品领域，如汽车、工业器械、健康食品等。通过拓展新的产品领域，企业不仅能够降低单一贸易商品带来的风险，还能够提高整体盈利能力，因为这些新领域往往具有更高的利润空间和市场需求。

第二，跨境电商企业通过提升产品质量和品牌形象来优化出口产品结构。随着消费者对产品质量和品牌认知的提高，企业开始注重提升产品质量和建立自身品牌形象。通过引入先进的生产技术和质量管理体系，企业可以生产出更加优质的产品，提升产品的竞争力和市场份额。同时，通过建立自身的品牌形象，企业能够赢得消费者的信任和忠诚度，从而实现产品结构的优化和市场地位的提升。

第三，跨境电商企业通过加强与国外企业的合作来优化出口产品结构。在跨境电商平台上，企业可以与国外企业进行更加深入的合作，共同开发新的产品和市场。通过与国外企业的合作，企业可以借鉴其先进的生产技术和市场经验，加快产品创新和市场拓展的步伐。同时，通过与国外企业的合作，企业还可以获取更多的订单和业务机会，实现产品结构的优化和市场份额的提升。

（二）目标市场的不断扩张

随着全球化趋势的加剧和技术的不断进步，中国跨境电商的目标市场不断扩张，涵盖了更广泛的地域范围和消费群体。

1. 传统发达国家市场

美国、法国、英国、澳大利亚等传统发达国家一直被视为中国跨境电商的重要目标市场。这些国家具有多重优势，使其成为中国企业追求的市场目标。

美国作为全球最大的消费市场之一，其市场规模巨大，消费者的购买力和消费需求旺盛。美国消费者对于跨境商品的接受度较高，他们习惯于通过跨境电商平台购买来自世界各地的产品，这为中国跨境电商企业提供了巨大的市场机遇。

法国、英国、澳大利亚等国家也拥有成熟的跨境电商市场。这些国家的消费者具有较高的消费水平和消费习惯，对于品质和创新具有较高的要求。同时，这些国家的跨境物流服务设施相对完善，海关清关流程相对简单，为中国企业进入这些市场提供了便利。

这些发达国家的消费者认可中国制造的产品。中国制造的产品在这些国家市场上具有一定的竞争优势，尤其是在价格竞争方面，中国产品往往具有明显的价格优势，吸引了众多消费者的关注和购买。

2. 新兴市场开拓

除了传统发达国家市场，中国跨境电商企业正在积极开拓新兴市场，其中包括俄罗斯、巴西、印度等国家。这些国家虽然在电商领域的发展水平相对不够成熟，但是由于其人口众多、消费需求旺盛的特点，对中国出口产品具有巨大的潜在市场。

俄罗斯作为世界上面积最大的国家之一，拥有庞大的人口基数和广阔的市场空间。尽管俄罗斯的电商市场相对欧美发达国家还存在一定的差距，但随着互联网普及程度的提升，俄罗斯电商市场正在迅速发展。中国跨境电商企业通过开拓俄罗斯市场，可以充分利用其庞大的消费群体，满足他们对于多样化商品的需求，为中国产品拓展更广阔的市场空间。

巴西作为南美洲最大的经济体和人口大国，市场潜力巨大。尽管巴西的电商市场相对较新，但随着互联网和移动支付技术的普及，巴西的电子商务市场呈现出快速增长的态势。中国跨境电商企业通过深入了解巴西市场需求，提供符合当地消费者口味和习惯的产品，可以在巴西市场占据一席之地，并逐步扩大市场份额。

印度作为全球人口第二多的国家，市场潜力不可小觑。尽管印度的电商市场相对发达国家还有一定差距，但随着印度经济的快速增长和互联网普及程度的提升，印度的电商市场正在迅速崛起。中国跨境电商企业可以通过与当地电商平台合作或建立自有平台，深入挖掘印度市场的商机，满足印度消费者对于优质商品的需求，实现市场的双赢。

3. 东南亚地区

中国跨境电商企业正积极拓展东南亚市场，其中包括东盟国家在内。自从中国与东盟建立自贸区以来，贸易壁垒已大幅降低，这为双方的贸易合作开辟了更广阔的空间。东南亚地区人口众多，这为中国的跨境电商出口企业提供了一个极具吸引力的新兴市场。东南亚地区以其庞大的人口红利和不断增长的中产阶级，成为中国跨境电商企业竞相涌入的目标地区之一。这一地区消费潜力巨大，其崛起已成为全球商业重心转移的焦点之一。

在东南亚市场，中国跨境电商企业不仅仅是简单地出口商品，更在不断探索本土化经营模式，以迎合当地消费者的需求和偏好。丰富多样的商品种类、灵活多样的支付方式以及高效可靠的物流体系，使得中国跨境电商企业在东南亚市场具备了竞争优势。同时，随着互联网技术的不断普及和发展，东南亚地区的电子商务环境日益成熟，这为中国跨境电商企业提供了更为广阔的发展空间。

然而，要在东南亚市场取得成功并非易事。除了面对当地的法律法规、文化习惯等方面的挑战外，还需要应对来自其他国家和地区的竞争对手的挑战。因此，中国跨境电商企业在拓展东南亚市场时需要综合考虑市场需求、政策环境、竞争态势等因素，并制定相应的战略和措施。

4. 中东欧、拉丁美洲、中东和非洲地区

中东欧、拉丁美洲、中东和非洲地区的电子商务发展水平相对较低，但蕴含着巨大的发展潜力。这些地区的经济结构和消费习惯正在发生着深刻的变化，而中国跨境电商企业有望通过加强合作和拓展市场，未来在这些地区取得更大的突破和发展。

作为欧洲大陆的一部分，中东欧地区虽然在电子商务领域相对滞后，但其日益增长的中产阶级和不断提升的互联网普及率为电子商务的发展提供了坚实基础。中国跨境电商企业可以通过提供多样化的产品和服务，满足当地消费者不断增长的需求，从而加速该地区电子商务市场的发展。

拉丁美洲地区是一个潜力巨大的市场，其庞大的人口、丰富的自然资源和多

元化的文化背景为电子商务的发展创造了有利条件。然而，该地区的电子商务基础设施和支付体系尚待完善，中国跨境电商企业可以通过技术创新和合作共赢，加速该地区电子商务市场的蓬勃发展。

作为一个地缘政治复杂、文化多元的地区，中东地区的电子商务市场发展相对滞后。然而，随着政府对数字经济的重视和互联网普及率的提高，该地区的电子商务市场呈现出蓬勃发展的势头。中国跨境电商企业可以通过与当地企业合作，共同开拓市场，促进电子商务的快速发展。

非洲地区拥有丰富的自然资源和年轻的人口结构，是一个潜力巨大的电子商务市场。尽管该地区的电子商务基础设施和支付体系相对薄弱，但随着移动支付和互联网技术的普及，非洲的电子商务市场正在迅速崛起。中国跨境电商企业可以通过技术创新和与当地企业的合作，加速该地区电子商务市场的发展，并共同分享市场红利。

第三章　跨境电子商务创新趋势

第一节　创新理论在跨境电子商务中的应用

一、创新理论概述

（一）创新的定义与意义

1. 创新的概念解析

创新是一种在现有基础上引入新的思想、方法或技术的过程，其目的是创造出新的产品、服务或商业模式，从而推动社会、经济和科技的不断发展。这一过程通常涉及对现有问题或需求的重新思考和解决方案的重新设计。创新不仅仅意味着新颖和独特，更重要的是它能够为人类社会带来积极的变革和进步。在创新过程中，人们通过探索新的思路和方法，挑战传统观念和现有体系，不断寻求突破和改进。创新不仅局限于科学技术领域，也包括社会制度、管理模式、文化表达等各个方面。创新的推动力量来自人们对于未来的向往和追求，以及对现实问题的反思和解决的需求。因此，创新被视为推动社会发展和进步的关键动力之一，对于推动经济增长、提高生活质量、解决全球性挑战具有重要意义。在当今日新月异的时代，创新已经成为企业竞争的核心要素之一，企业必须不断地进行创新，以适应快速变化的市场环境和消费者需求，保持竞争力。同时，政府、学术界、社会组织等各方也应该共同促进创新，为社会发展注入新的活力和动力。因此，创新不仅是一种行为方式，更是一种文化和精神，是社会的共同追求与目标。

2. 创新在跨境电子商务中的重要性

跨境电子商务在当今全球经济中扮演着至关重要的角色，而创新则是推动其持续发展的关键动力之一。创新不仅仅是对现有技术或商业模式的改进，更是对市场需求的深入理解和对问题的新思考的体现。跨境电子商务领域的创新能够带来多方面的积极影响。

第一，创新在跨境电子商务中有助于开拓新的市场。随着全球化进程的加速，跨境电商企业需要不断探索新的市场，寻找新的商机。通过创新，企业可以开发新的产品或服务，针对不同国家和地区的消费者需求，进而拓展市场份额。例如，通过定制化产品或服务，企业可以更好地满足不同文化背景和消费习惯的消费者需求，实现市场的差异化定位。

第二，创新有助于降低跨境电子商务的成本。在国际贸易中，成本是影响企业竞争力的重要因素之一。通过创新，企业可以开发出更加高效的生产和物流模式，降低生产成本和运营成本。例如，通过引入先进的物流技术和智能化仓储系统，企业可以提高物流效率，降低运输成本。同时，创新还可以提高企业内部管理效率，降低人力成本和管理成本，从而提升企业的盈利能力。

第三，创新有助于提高跨境电子商务的效率。在全球化竞争日益激烈的背景下，企业需要不断提高运营效率，以应对市场的快速变化。创新可以帮助企业优化业务流程，提高生产和供应链的效率。例如，通过引入人工智能和大数据分析技术，企业可以实现对销售数据和市场趋势的实时监测和分析，从而更加精准地制定营销策略和产品规划，提高销售效率和市场反应速度。

3. 创新对跨境电子商务的影响

创新对跨境电子商务的影响是全方位的，涵盖了产品和服务、生产和运营效率以及产业链升级和转型等多个方面。首先，创新推动着跨境电商企业不断优化其产品和服务，以提升用户体验和增强用户黏性。通过引入新的技术、设计理念和营销策略，企业能够不断提供出更具吸引力的产品和服务，满足消费者日益多样化的需求。例如，引入人工智能技术的智能客服系统、个性化推荐算法等，可以提升用户在购物过程中的体验，增加用户的满意度和忠诚度。其次，创新可以显著提高企业的生产效率和运营效率，从而降低成本，扩大利润空间。通过引入自动化生产线、智能化物流系统等先进技术，企业能够实现生产过程的精准化和高效化，大幅提升生产效率，同时降低了人力成本和能源消耗，从而在全球竞争中占据更有利的地位。最后，创新还能够促进跨境电商产业链的升级和转型，推动整个产业向高端、智能化方向发展。在全球化竞争日益激烈的背景下，企业需要不断引入新的技术和理念，加强与供应商、物流公司等合作伙伴的协同创新，以提高产品质量、加快产品更新速度，适应市场的快速变化。这样的创新努力将不仅仅推动企业自身的发展，还将带动整个跨境电子商务产业的持续进步，推动全球贸易的蓬勃发展。因此，创新对跨境电子商务产业的影响是全方位而深远的，是推动其持续发展和保持全球化竞争力的重要驱动力。

（二）创新理论的主要流派

创新理论的主要流派包括开放式创新理论、资源基础理论和演化理论。这些理论在跨境电子商务领域的应用对于企业的发展具有重要意义。

1. 开放式创新理论

开放式创新理论强调了企业与外部环境的开放性和合作性，特别是在跨境电子商务领域，这一理论具有重要的意义。企业需要与跨境合作伙伴积极合作，共享资源、技术和市场信息，以应对快速变化的国际市场。通过与跨境电商平台、供应商、物流公司等的紧密合作，企业可以获取到最新的市场趋势和技术动态，从而更好地把握市场机遇，推动产品和服务的创新。这种合作不仅可以帮助企业降低成本，提高效率，还可以拓展企业的市场渠道，增强市场竞争力。

在跨境电子商务中，开放式创新理论还倡导着企业与外部创新生态系统的合作。通过与其他企业、研究机构、技术提供商等的合作，企业可以共同创造和分享知识，加速创新的过程，降低研发成本。例如，企业可以与外部合作伙伴共同开展新产品的研发和测试，共享研发成果和知识产权。这种开放式的合作模式不仅有助于企业获取更多的创新资源，还可以促进产业链上下游的协同发展，推动整个行业的创新和进步。

总的来说，开放式创新理论为跨境电子商务企业提供了一种有效的创新路径。通过与外部合作伙伴的紧密合作，企业可以获得更多的资源和支持，实现技术、产品和服务的创新，提升企业的竞争力和可持续发展能力。

2. 资源基础理论

资源基础理论在跨境电子商务领域的应用具有重要的意义。该理论认为企业内部资源的整合和利用是创新的核心，这对于跨境电商企业的发展至关重要。在跨境电子商务领域，企业应该善于利用自身的资源优势，包括品牌声誉、技术实力、人才储备等方面的资源。

第一，品牌声誉是跨境电商企业的重要资产之一。通过建立和树立良好的品牌形象，企业可以在国际市场上获得消费者的信任和认可，从而吸引更多的消费者。例如，一些知名的跨境电商平台凭借其良好的品牌声誉，成为消费者在海外购物时的首选平台。

第二，技术实力也是跨境电商企业的核心竞争力之一。通过持续的技术创新和研发投入，企业可以提高产品和服务的质量，提升用户体验，从而增强市场竞争力。例如，一些跨境电商企业通过引入先进的技术手段，如人工智能、大数据分析等,提升了平台的搜索推荐、个性化定制等服务,以满足消费者的个性化需求。

第三,人才储备也是跨境电商企业的重要资源。拥有高素质的员工团队可以为企业提供创新的动力和支持,促进企业的发展。例如,一些跨境电商企业注重人才培养和引进,建立了一支专业化、高效率的团队,为企业的创新和发展提供了有力支持。

资源基础理论还强调了对资源的保护和积累。企业应该注重保护和管理好已有的资源,不断积累新的资源,以提升企业的核心竞争力和可持续发展的能力。通过有效地整合和利用这些资源,跨境电商企业可以更好地应对激烈的市场竞争,实现持续稳定的发展。

3. 演化理论

演化理论在跨境电子商务领域的应用对企业的发展至关重要。该理论关注企业和市场的演化过程,强调了适应环境变化的能力。在跨境电子商务竞争激烈的环境下,企业需要不断调整战略,灵活应对市场的变化,以保持竞争优势。

首先,演化理论指导企业应该关注市场的动态变化。跨境电子商务市场随着技术、消费者需求和竞争对手等因素的变化而不断演化。企业需要密切关注市场趋势和竞争对手的动态,及时调整产品和服务,以满足消费者的需求。例如,随着消费者对于个性化定制和品质保障的需求增加,跨境电商企业可以通过引入定制化服务和提高产品品质来适应市场变化。

其次,演化理论强调企业应该不断创新和进化。在跨境电子商务领域,技术的快速发展和市场竞争的加剧要求企业不断探索新的商业模式和技术手段。企业需要积极寻求创新机会,不断改进现有的业务模式和产品服务,以提高竞争力。例如,跨境电商企业可以通过引入新的技术手段,如人工智能、大数据分析等,以提升用户体验和交易效率,从而实现市场份额的增长。

二、创新理论在跨境电子商务中的应用

创新理论在跨境电子商务中的应用主要体现在产品创新、商业模式创新和市场创新等方面。通过不断引入创新理论,企业可以更好地把握市场机遇,提高市场竞争力。

(一)产品创新

1. 开放式创新理论在产品创新中的应用

开放式创新理论在跨境电子商务中的产品创新方面具有重要的应用意义。该

理论强调了企业与外部环境的合作与开放,为产品创新提供了全新的思路和方法。在跨境电子商务领域,企业可以通过与跨境电商平台、供应商、科研机构等多方合作,共享知识和资源,共同推动产品创新。

第一,跨境电商企业可以与跨境电商平台合作开展产品创新。跨境电商平台通常具有丰富的市场数据和用户信息,能够为企业提供市场趋势和消费者需求方面的洞察。通过与平台合作,企业可以更好地了解市场需求,根据消费者的反馈和数据分析来改进产品和继续创新。例如,跨境电商平台可以提供销售数据和用户反馈,帮助企业优化产品设计和定位,推出更符合市场需求的新产品。

第二,企业可以与供应商合作进行产品创新。跨境电商企业通常需要从全球范围内采购原材料和产品,与各类供应商建立合作关系。通过与供应商合作,企业可以获取到最新的产品技术和材料,共同探讨产品创新的可能性。例如,跨境电商企业可以与供应商合作开发新的材料或生产工艺,以提高产品的质量和性能。

第三,企业还可以与科研机构、高校等机构合作进行技术创新。跨境电商企业可以与科研机构合作开展新技术的研究与开发,探索更先进的技术应用于产品创新。例如,企业可以与高校合作开发新的智能化产品,以满足消费者对智能化、智能化产品的需求。

2. 资源基础理论在产品创新中的应用

资源基础理论在跨境电子商务中的产品创新方面发挥着重要作用。该理论认为企业内部资源的整合和利用是创新的核心,因此,在跨境电子商务中,企业可以通过资源基础理论来优化内部资源配置,从而推动产品创新。

首先,企业可以利用内部资源进行产品创新。在跨境电子商务领域,企业拥有丰富的内部资源,包括技术、人才、资金等。通过整合这些资源,企业可以开展新产品的研发和设计工作。例如,企业可以投入更多的研发资金,聘请专业人才,建立完善的研发团队,以加速产品创新的进程。同时,企业还可以利用现有的技术和知识,结合市场需求,设计出更具竞争力的新产品。

其次,企业可以通过与外部合作伙伴进行资源共享,促进产品创新。在跨境电子商务中,企业需要与供应商、合作伙伴、科研机构等多方合作,共同推动产品创新。通过与外部合作伙伴的合作,企业可以获取到外部技术和市场信息,为产品创新提供新的思路和支持。例如,企业可以与供应商合作开发新的原材料或生产工艺,与科研机构合作开展新技术的研究和应用,从而推动产品创新的不断进步。

3. 市场创新中的开放式创新理论与资源基础理论的综合应用

市场创新在跨境电子商务领域中扮演着至关重要的角色，它涉及企业不断开拓新的市场空间和商业模式的过程。在这一过程中，开放式创新理论和资源基础理论常常相互结合，共同推动着企业的创新发展。

第一，开放式创新理论在市场创新中具有重要意义。该理论强调了企业与外部环境的合作与开放，因此企业可以通过与跨境电商平台、供应商、物流公司等多方合作，共同开发新的市场模式和营销策略。通过与跨境电商平台的合作，企业可以获取到丰富的市场数据和用户反馈信息，及时了解到不同国家和地区的消费者需求和偏好，从而灵活调整产品策略和市场定位，以满足市场需求，抢占市场先机。

第二，资源基础理论在市场创新中也发挥着重要作用。该理论认为企业内部资源的整合和利用是创新的核心，因此企业可以利用内部资源优势，加强对跨境市场的研究和布局。企业可以通过整合技术、人才、资金等内部资源，开展市场调研，了解市场动态和竞争对手情况，为产品推广和营销提供有力支持。同时，企业还可以通过加强品牌建设、提升产品质量和服务水平等方面的努力，树立起良好的企业形象，增强市场竞争力。

（二）商业模式创新

1. 开放式创新理论在商业模式创新中的应用

开放式创新理论作为一种重要的创新理论，强调了企业与外部环境的合作与开放。在跨境电子商务领域，开放式创新理论为商业模式的创新提供了重要的思路和方法。以下是开放式创新理论在商业模式创新中的应用：

第一，企业与其他企业的合作是开放式创新理论在商业模式创新中的重要体现。跨境电商企业可以与其他行业的企业进行合作，共同探索新的商业模式。例如，跨境电商企业可以与国际物流公司合作，构建跨境物流网络，实现快速、安全的货物运输。通过与其他企业的合作，跨境电商企业可以获得更多的资源和技术支持，推动商业模式的创新和发展。

第二，创新平台的建设也是开放式创新理论在商业模式创新中的重要体现。跨境电商企业可以建立开放的创新平台，邀请各方共同参与商业模式的探索和创新。通过开放式的创新平台，企业可以集聚更多的创新资源和智慧，促进商业模式的不断革新。例如，跨境电商企业可以建立开放的电商平台，邀请第三方商家入驻，共同探索新的商业模式，满足不同消费者的需求。

第三，与投资者的合作也是开放式创新理论在商业模式创新中的重要体现。跨境电商企业可以与风险投资机构、私募股权基金等合作，共同投资于商业模式的创新和发展。通过与投资者的合作，企业可以获得更多的资金支持和市场资源，推动商业模式的升级和创新。例如，跨境电商企业可以与风险投资机构合作，共同投资于新的市场领域和技术领域，推动商业模式的创新和发展。

2. 资源基础理论在商业模式创新中的应用

资源基础理论在商业模式创新中的应用是跨境电子商务领域中的重要议题。资源基础理论认为企业内部资源的整合和利用是创新的核心，这一理论在商业模式创新中具有重要的指导意义。以下是资源基础理论在商业模式创新中的具体应用：

第一，资源基础理论促进了企业对内部资源的深入挖掘和整合。在跨境电子商务领域，企业拥有丰富的资源，包括品牌声誉、技术实力、人才储备等。通过对这些资源的整合和优化利用，企业可以探索新的商业模式。例如，跨境电商企业可以利用自身的技术优势，开发新的线上销售模式，提供更加便捷、高效的购物体验。同时，企业还可以通过整合人才和资金等资源，实现对新市场的开拓和布局，推动商业模式的创新和发展。

第二，资源基础理论推动了企业与外部合作伙伴的资源共享和协同创新。在跨境电子商务领域，企业往往需要依赖外部合作伙伴的资源支持，才能实现商业模式的创新。例如，跨境电商企业可以与物流公司、支付平台等合作，共同打造跨境电商生态系统，实现物流、支付等环节的协同优化，推动商业模式的创新和发展。通过与外部合作伙伴的资源共享，企业可以获得更多的技术、市场和资金支持，提高商业模式创新的成功率和效果。

第三，资源基础理论还强调了企业对资源的保护和积累。在跨境电子商务领域，企业需要不断加强对核心资源的保护，防止资源流失和挥霍。同时，企业还需要通过不断地积累和更新，提升核心资源的竞争力，保持商业模式的持续创新和发展。例如，跨境电商企业可以通过技术研发、品牌建设等方式，不断提升自身的核心竞争力，推动商业模式的升级和创新。

3. 市场创新中的开放式创新理论与资源基础理论的综合应用

在跨境电子商务领域，市场创新是企业不断开拓新的市场空间和商业模式的过程。在这个过程中，开放式创新理论和资源基础理论的综合应用对于企业的创新发展至关重要。以下是市场创新中开放式创新理论与资源基础理论的综合应用的具体展开：

第一，开放式创新理论与资源基础理论的综合应用体现在企业与跨境电商平台的合作中。企业可以与跨境电商平台合作，共同探索新的市场模式和营销策略。通过与跨境电商平台的合作，企业可以获得平台的用户数据、市场洞察以及技术支持，从而更好地了解目标市场的需求和趋势，提升产品和服务的匹配度和竞争力。例如，企业可以通过与跨境电商平台合作，开发定制化的营销策略和产品推广计划，以满足不同国家和地区消费者的个性化需求，实现市场细分和精准营销。

第二，综合应用体现在企业利用内部资源优势，加强对跨境市场的研究和布局中。企业可以通过整合内部资源，加强对跨境市场的研究和布局，抢占先机，建立自身的竞争优势。资源基础理论指导企业深入挖掘和有效利用内部资源，包括品牌声誉、技术实力、人才储备等，以支撑市场创新的实施。例如，企业可以通过对跨境市场的深入调研和分析，把握市场的发展趋势和消费者的需求，调整产品结构和服务策略，提升市场竞争力。

综合应用还体现在企业与外部合作伙伴的资源共享和技术创新中。在市场创新过程中，企业可以与其他企业、创新平台、投资者等合作，共同探索新的商业模式和市场机会。开放式创新理论强调企业与外部环境的合作和开放，为企业与外部合作伙伴的资源共享提供了理论支持。通过与外部合作伙伴的合作，企业可以获取更多的创新资源和技术支持，推动市场创新的实施。例如，企业可以与本地物流公司、支付平台等合作，共同打造跨境电商生态系统，优化物流、支付等环节，提升用户体验和服务质量，实现市场创新和商业模式的更新迭代。

（三）市场创新

1. 开放式创新理论在市场创新中的应用

开放式创新理论在市场创新中扮演着重要的角色。这一理论强调了企业与外部环境的开放性和合作性，为跨境电子商务中的市场创新提供了新的思路和方法。在这个快速变化的全球化时代，企业不再是孤立运营的实体，而是处于一个复杂的生态系统中，与各种利益相关者相互交织。因此，企业需要与其他企业、行业协会、市场调研机构等进行合作，共同探索新的市场机会和商业模式。通过开放式创新，企业能够更好地理解国际市场的需求和趋势，及时调整产品和服务，以满足不同地区和国家的消费者需求。举例来说，企业可以与本地企业合作，推出定制化产品，以适应当地文化和消费习惯，从而实现市场创新。此外，开放式创新还可以促进知识和技术的共享与交流，加速创新的发展和商业化进程。通过与外部合作伙伴建立起开放的创新网络，企业能够更加灵活地应对市场竞争，提高创新成功的概率。然而，要实现开放式创新，企业需要具备开放的组织文化和灵活的组织结构，以及建立有效的合作机制和知识管理体系。此外，政府和相关利益相关者也需要提供支持和引导，营造良好的创新环境，推动开放式创新理论在市场创新中的应用。综上所述，开放式创新理论为跨境电子商务中的市场创新提供了新的思路和方法，有助于企业更好地适应全球化竞争的挑战，实现持续创新和增长。

2. 资源基础理论在市场创新中的应用

资源基础理论在市场创新中扮演着重要的角色。根据这一理论，企业内部资源的整合与利用是创新的关键。在市场创新过程中，企业可以通过优化内部资源配置来推动创新。举例来说，企业可以充分利用自身的品牌影响力和营销渠道优势，以开拓新的国际市场并拓展跨境电商业务。通过有效地整合营销、品牌和渠道资源，企业能够更好地满足国际市场的需求，增强市场竞争力。同时，资源基础理论还强调了外部资源的重要性。企业可以通过与外部合作伙伴进行资源共享，加强对国际市场的了解和渗透。例如，与当地合作伙伴合作，可以帮助企业更好地了解当地文化、市场需求和法律法规，从而更好地定制产品和服务，提升市场竞争力。此外，资源基础理论还强调了资源的多样性和可替代性。企业应该在不同的资源领域进行投入，以降低资源风险，并为创新提供更多的可能性。综上所述，资源基础理论为企业在国际市场创新中提供了重要的指导。通过优化内部资源配置和与外部合作伙伴共享资源，企业可以更好地实现市场创新，提升国际竞争力。然而，要实现资源基础理论的应用，企业需要具备灵活的组织结构和有效的资源管理机制，并与外部合作伙伴建立起良好的合作关系。同时，政府和利益相关者也需要提供支持和引导，营造良好的创新环境，推动资源基础理论在市场创新中的应用。

3. 产品创新中的开放式创新理论与资源基础理论的综合应用

产品创新作为市场创新的核心组成部分，其成功往往依赖于开放式创新理论与资源基础理论的综合应用。在现代商业环境中，企业往往面临着快速变化的市场需求和技术进步的挑战。因此，开放式创新理论的应用成为企业获取外部创新资源、加速产品创新的关键之一。通过与外部合作伙伴的开放合作，企业可以获得新的产品设计理念、技术支持和市场洞察，从而推动产品创新的发展。这种开放式的创新模式有助于企业跨越传统的研发边界，获取更广泛的创新资源，加速产品的迭代和更新，满足不断变化的市场需求。

与此同时，资源基础理论的综合应用也是产品创新的重要策略之一。资源基础理论强调了企业内部资源的整合与利用，是企业实现创新的关键。在产品创新中，企业可以通过充分利用内部资源优势，加强对产品的研发、生产和营销等环节的控制，提升产品的质量、性能和竞争力。例如，企业可以利用自身的研发团队、生产设施和销售网络，不断改进产品的设计、生产工艺和市场推广策略，以满足不同消费者群体的需求。同时，企业还可以通过内部资源的优化配置，提高产品的生产效率和成本效益，从而在市场竞争中占据更有利的地位。

综合运用开放式创新理论与资源基础理论，可以使企业在产品创新中更加全面地考虑内外部因素的影响，并有效地整合各类资源，推动产品创新的不断深化和扩展。例如，企业可以通过与外部合作伙伴进行开放式创新合作，获取新的技术和市场信息，同时结合内部资源优势，加速产品的研发和推广，实现创新成果的快速转化。这种综合应用不仅有助于企业更好地把握市场机遇，提升产品的竞争力，还可以促进产业生态系统的持续发展，推动整个行业的创新与进步。

第二节　跨境电子商务领域的创新趋势

在跨境电子商务领域，创新趋势呈现出多方面的发展特点，从市场拓展到技术升级再到合作与发展模式，都呈现出日益复杂和多元化的特点。

一、跨境电子商务创新趋势之市场拓展

（一）全球市场的开放

1. 全球化进程的加速

随着全球化进程的不断加速，跨境电子商务领域迎来了更加开放的全球市场。这一趋势得益于多种因素的共同推动，其中包括国际贸易壁垒的逐步降低、信息和通信技术的迅速发展，以及国际物流和支付渠道的不断完善。首先，国际贸易壁垒的降低为跨境电子商务的发展创造了有利条件。随着各国政府之间贸易协定的签订和关税的降低，跨境贸易的成本和限制逐渐减少，使得企业更容易进入国际市场并开展业务活动。其次，信息和通信技术的迅速发展为跨境电子商务提供了坚实基础。互联网的普及和数字技术的快速进步使得全球范围内的信息传递和沟通变得更加便捷和高效，为企业与国际市场进行无缝对接提供了可能。最后，

国际物流和支付渠道的不断完善也为跨境电商的发展提供了重要支持。随着物流技术的不断进步和国际物流网络的日益完善，跨境商品的运输和配送变得更加快捷可靠，为企业拓展国际市场提供了可靠保障。此外，支付渠道的多样化和安全性的提升也增强了跨境交易的便利性和可信度，进一步推动了全球市场的开放和跨境贸易的发展。

2. 大型电商平台的作用

在全球市场的开拓中，大型电商平台扮演着至关重要的角色。这些平台以其强大的国际物流网络和先进的支付系统，为中小企业提供了便利地进入海外市场的条件。以亚马逊、阿里巴巴和京东等为代表的电商巨头，通过建立全球性的市场平台，为卖家提供了一个便捷而广阔的销售渠道，从而推动了跨境电子商务的蓬勃发展。

这些大型电商平台的作用不仅仅是提供销售渠道，更体现在以下几个方面。首先，它们提供了一个高度可信的平台，消费者可以在这些平台上购买到来自世界各地的产品，而不必担心交易的安全性和可靠性。其次，大型电商平台具有强大的数据分析和营销能力，能够为卖家提供个性化的推荐和精准的营销服务，帮助卖家更好地促进销售。最后，这些平台还提供了全球性的品牌宣传和推广服务，使得中小企业能够在国际舞台上扩大品牌影响力，提升知名度。此外，大型电商平台还为中小企业提供了一站式的服务，包括国际物流、支付结算、客户服务等，大大降低了企业拓展海外市场的成本和风险。

3. 中小企业的机会

全球市场的开放为中小企业提供了巨大的发展机遇。相较于传统的国际贸易方式，跨境电商为中小企业提供了更为便捷、低成本的途径来拓展海外市场。这种新型的贸易方式使得中小企业可以更加灵活地应对全球市场的挑战和机遇。通过利用大型电商平台的力量，中小企业得以利用其专业的销售渠道和营销资源，以更低的成本、更快的速度进入全球市场，实现销售规模的扩大和品牌的国际化。大型电商平台提供了一个集中、高效的销售渠道，使得中小企业能够直接面对全球消费者，无须自行搭建复杂的国际销售网络。此外，这些平台还提供了丰富的营销工具和数据分析功能，帮助中小企业更好地了解市场需求和消费者喜好，制定更加精准的营销策略。通过借助大型电商平台的品牌影响力和市场资源，中小企业能够在全球范围内迅速建立起品牌知名度，拓展客户群体，实现销售额的快速增长。

（二）新兴市场的崛起

1. 新兴经济体的发展潜力

许多新兴经济体成为跨境电子商务的重要增长引擎，展现出巨大的发展潜力。这些国家拥有庞大的人口基数和消费潜力，为电子商务的发展提供了广阔的市场需求和发展空间。首先，新兴经济体的人口规模庞大，其中包括许多年轻且数字化程度较高的消费群体。这些消费者对于新颖、便捷的购物方式有着强烈的需求，促使了跨境电子商务的迅速发展。其次，新兴经济体的经济增长速度较快，人民生活水平不断提高，消费能力不断增强。这为跨境电子商务提供了良好的市场基础，吸引了更多的跨境电商企业进入这些市场。最后，新兴经济体的数字经济发展也是推动跨境电子商务增长的重要因素之一。随着互联网和移动支付技术的普及，消费者更加便利地进行在线购物和支付，促进了跨境电商的繁荣。此外，许多新兴经济体的政府也意识到数字经济的重要性，加大了对数字化产业的政策支持和投入。他们通过制定相关法律法规、推动电子商务基础设施建设等措施，为跨境电商企业提供了良好的发展环境和政策支持。

2. 政策环境的优化

许多新兴经济体的政府积极采取了一系列政策举措，旨在鼓励和支持跨境电子商务的发展，从而优化了政策环境。这些政策措施的出台主要是为了降低企业的运营成本、提升市场竞争力，进而促进了跨境电子商务的健康发展。首先，新兴经济体的政府通过简化海关手续，大幅缩短了跨境商品的通关时间，降低了企业的物流成本。这种措施有效地减少了贸易环节中的烦琐程序和时间成本，使得企业更加便利地进行国际贸易活动。其次，降低进口关税也是新兴经济体政府优化政策环境的重要举措之一。通过降低进口关税，政府有效地降低了进口商品的价格，提升了消费者的购买能力，同时也刺激了国际贸易的活跃程度，为跨境电商企业拓展海外市场提供了更为有利的条件。最后，一些新兴经济体政府还采取了提供财政补贴等激励措施，以鼓励企业投资跨境电子商务。这些财政补贴可以帮助企业降低初始投资成本，促进企业加大对国际市场的投入，进一步推动了跨境电子商务的发展。

3. 新兴市场的消费升级

随着新兴经济体经济的不断发展和人民生活水平的提高，消费者的消费观念和消费习惯也在发生着深刻的变化。传统的购物方式逐渐被互联网购物所取代，消费者更加倾向于通过在线平台购买海外商品，以追求品质和个性化的消费体验。

这种消费升级的趋势为跨境电商企业带来了巨大的市场机遇，同时也提出了更高的要求，需要灵活应对新兴市场消费者的需求和偏好。

随着收入水平的提高，新兴经济体的消费者开始追求更高品质的生活方式。他们更加注重商品的质量、功能和品牌背景，愿意为品质更好的产品买单。这种消费观念的变化促使跨境电商企业提供更多高品质的商品和服务，以满足消费者对品质的追求。

消费者不再满足于传统的大众化商品，而是希望能够根据自己的兴趣、需求和身份特征定制商品。因此，跨境电商企业需要不断创新，提供更多样化、个性化的产品和服务，以迎合消费者多样化的需求。

新兴市场消费者对于购物体验的要求也在不断提升。他们希望购物过程简便、快捷，同时也重视售后服务和用户体验。因此，跨境电商企业需要不断优化网站和移动端平台的用户界面，提高购物体验的便利性和舒适度，加强售后服务，以留住消费者并赢得口碑。

（三）本地化与个性化

1. 本地化运营的重要性

在跨境电子商务领域，本地化运营日益被视为至关重要的因素。本地化运营不仅仅是简单地将产品和服务推向国外市场，而是涉及更深层次的适应性和融入性。

首先，语言和文化的本地化是成功进入外国市场的基础。通过使用当地语言进行网站内容、产品描述和客户服务的呈现，企业能够更好地吸引和沟通当地消费者，提升购物体验。这对当地文化的理解和尊重也至关重要。在产品设计、营销策略以及客户互动中，考虑到当地文化的特点和习惯，能够更好地赢得当地消费者的信任和认同，从而提升市场竞争力。

其次，本地化运营还需要考虑到当地市场环境和法律法规的遵守。不同国家和地区有着各自不同的法律法规和市场准入要求，跨境电商企业必须了解并严格遵守这些规定，以避免潜在的法律风险和商业纠纷。不仅如此，深入了解当地市场的竞争格局、消费习惯、流行趋势等因素也是本地化运营的重要内容。通过市场调研和分析，企业能够更准确地把握当地市场的需求和机遇，制定相应的市场策略和营销方案，实现更高效的市场拓展。

2. 个性化服务的提供

随着消费者对个性化服务的需求不断攀升，跨境电商企业也在积极地提升个性化服务水平，以满足不同消费者的需求和偏好。个性化服务已经成为企业与消费者之间建立更紧密关系的关键因素之一。

首先，个性化服务的核心在于根据消费者的个体需求和喜好定制产品和服务。企业通过收集和分析消费者的购买历史、浏览记录以及其他相关数据，精准地了解消费者的需求，为其提供个性化的产品推荐和定制化服务。例如，根据消费者的购买记录和偏好推荐相似产品，或者提供定制化的商品选项，以满足消费者的个性化需求。

其次，个性化服务还包括提供个性化的购物体验。企业通过优化网站和移动端平台的用户界面，根据消费者的喜好和习惯，个性化展示产品信息、推荐相关商品，提升用户的浏览和购物体验。此外，个性化的促销活动和优惠券，也能够吸引消费者的注意力，增加购买意愿。除了产品和购物体验的个性化之外，个性化的客户服务流程也是跨境电商企业关注的重点。企业通过建立多渠道的客户服务系统，包括在线客服、电话热线、社交媒体等，及时响应消费者的咨询和投诉，提供个性化的解决方案，增强消费者的满意度和忠诚度。

3. 优化支付方式和结算方式

在跨境电子商务企业的市场拓展过程中，优化支付方式和结算方式是至关重要的一环。这涉及适应不同国家和地区的支付习惯、货币制度以及法规要求，以确保顺利完成交易并提升消费者的购物体验。

首先，跨境电商企业需要考虑接受多种货币支付的能力。由于不同国家和地区使用不同的货币，因此企业需要确保其支付系统能够支持多种主要货币，如美元、欧元、人民币等，以方便消费者进行支付，降低购物障碍。

其次，提供多种支付方式也是优化支付体验的重要举措。不同地区的消费者可能有不同的支付习惯和偏好，因此跨境电商企业应当提供多样化的支付选择，如信用卡支付、借记卡支付、电子支付、支付宝、微信支付等。这样可以更好地满足消费者的需求，提高购物转化率。

为了遵守当地法规要求和保障交易安全，跨境电商企业还需要注意结算方式的优化。企业需要确保其结算系统符合当地的金融监管规定，采用安全可靠的结算通道，保障交易的安全和稳定。同时，企业还应当及时结算商家的销售收入，以维护合作伙伴关系，促进商业合作的持续发展。

4. 定制化产品的开发

针对不同国家和地区的消费者需求，跨境电商企业需要开发定制化产品，以满足消费者的个性化需求并提升产品的竞争力。定制化产品的开发是跨境电商企业在全球化竞争中的重要策略之一。这些定制化产品可以根据当地的文化特点、消费习惯和需求特点进行定制，以确保产品能够更好地适应目标市场的环境和消费者的需求。例如，针对中国市场，跨境电商企业可以推出适合中国消费者口味的特色产品，如中国风味的美妆产品或传统节日礼品；而针对西方市场，企业则可以设计符合西方消费者审美和生活方式的产品，如健康食品、环保产品等。这种定制化产品的开发不仅可以提高产品的市场竞争力，还可以增强消费者的购买欲望和忠诚度。

定制化产品的开发过程需要跨境电商企业充分了解目标市场的文化背景、消费习惯和市场需求。通过市场调研和分析，企业可以深入了解不同国家和地区的消费者群体特点，把握他们的偏好和需求。在产品设计阶段，企业需要结合目标市场的文化特点和消费趋势，进行创新设计，确保产品能够吸引目标消费者并符合他们的购买欲望。同时，在生产制造阶段，企业需要选择合适的供应商和生产工艺，确保产品的质量和成本控制。在营销推广阶段，企业需要针对不同市场采取差异化的营销策略，通过适当的渠道和方式宣传推广定制化产品，吸引目标消费者的注意力并提升品牌知名度。

二、跨境电子商务创新趋势之技术升级

（一）人工智能（AI）应用

1. 机器学习的应用

在跨境电子商务领域，人工智能的应用已经成为企业获取竞争优势的关键之一，其中机器学习算法的广泛应用尤为突出。机器学习是人工智能的一个重要分支，它通过对海量数据的分析和学习，从中发现模式和规律，进而实现对用户行为和偏好的精准预测。这种预测能力为企业提供了重要的决策支持，使其能够更好地理解用户需求，进而提供个性化的产品推荐和定制化的营销策略。

机器学习算法的应用在跨境电子商务中具有多方面的价值和作用。首先，通过分析用户的历史行为数据和交易记录，机器学习可以识别出用户的偏好和购买习惯，从而为企业提供个性化的产品推荐。例如，根据用户过去的购买记录和浏览行为，系统可以自动推荐与其兴趣相关的商品，提高用户的购买意愿和满意度。其次，机器学习还可以帮助企业实现精准营销。通过分析用户的特征和行为数据，系统可以预测用户的潜在需求和购买意向，从而针对性地制定营销策略，提高广告点击率和转化率，降低营销成本。此外，机器学习还可以应用于风险管理和欺诈检测等领域，

帮助企业及时发现和防范潜在的风险和欺诈行为，保护企业和用户的利益。

2. 大数据分析的重要性

大数据分析在跨境电商领域的重要性不言而喻。大数据技术作为人工智能应用的基础，为企业提供了丰富的数据资源和分析工具，有助于企业发现潜在的商机、预测市场趋势，从而制定更加科学和合理的市场营销策略以及产品定价策略，提升企业的市场竞争力。

第一，大数据分析可以帮助企业深入了解消费者行为和偏好。通过收集和分析海量的消费者数据，企业可以了解消费者的购买习惯、偏好和需求，从而精准地把握市场动向，开发符合消费者需求的产品和服务，提高产品的市场适应性和竞争力。

第二，大数据分析可以帮助企业发现潜在的商机和市场趋势。通过对海量数据的挖掘和分析，企业可以发现市场中的新兴需求、热门产品和潜在竞争对手，及时调整战略，抢占市场先机，实现业务增长。

第三，大数据分析还可以帮助企业优化市场营销策略和产品定价策略。通过分析消费者的行为和市场数据，企业可以精准地确定目标用户群体，制定针对性的营销活动和产品定价策略，提高营销效果和产品利润率。

3. 智能客服系统的发展

随着人工智能技术的不断发展和普及，智能客服系统在跨境电子商务中的应用逐渐成为行业的趋势和标配。这些系统基于 AI 技术，主要包括自然语言处理（NLP）、语音识别和机器学习等技术，能够智能地理解用户提问，并提供快速、准确地解答，以达到提升用户体验和满意度的目的。

第一，智能客服系统的应用极大地提高了用户体验。传统的客服系统往往需要用户花费大量时间等待接通客服人员，而智能客服系统则能够实现 24/7 全天候在线服务，用户可以随时随地通过文字或语音与系统进行交流，获得及时的帮助和解答，大幅缩短了用户等待时间，提高了用户的满意度和使用体验。

第二，智能客服系统的应用能够大幅降低企业的运营成本。相比传统的人工客服，智能客服系统无须支付额外的人力成本，并且能够同时为多个用户提供服务，提高了工作效率，降低了企业的运营成本。此外，智能客服系统还可以根据用户的历史记录和行为模式进行数据分析，为企业提供更加精准的用户服务，进一步提升了服务质量和效率。

第三，智能客服系统还能够帮助企业实现用户数据的积累和挖掘。通过与用户的交互过程中收集的数据，智能客服系统可以分析用户的偏好、需求和行为习惯，为企业提供有价值的用户洞察，指导企业的产品研发、营销策略和客户关系管理，进而提高企业的市场竞争力和盈利能力。

（二）物联网技术

物联网技术（IoT）在跨境电子商务中的应用是当前数字化转型中的一个重要趋势，其应用主要体现在以下几个方面：

1. 设备连接与智能化管理

（1）仓库设备智能化管理

物联网技术使得仓库设备可以实现互联互通，通过传感器实时监测仓库内的温度、湿度、光照等环境数据，同时对仓库设备的运行状态进行实时监控。例如，仓库自动化系统可以通过物联网技术实现对货物的智能分拣和储存，提高仓库的存储效率和管理水平。

（2）生产设备智能化监控

物联网技术使得生产设备可以实现远程监控和管理，生产过程中的各个环节数据可以实时传输至云端平台，企业可以通过智能化的数据分析工具对生产过程进行实时监控和分析，及时发现和解决生产异常，提高生产效率和产品质量。

（3）配送设备智能化管理

物联网技术可以实现对配送车辆的实时监控和调度，企业可以通过GPS定位、传感器监测等技术，实时了解配送车辆的位置、行驶路线和运输状态，优化配送路线，提高配送效率和客户满意度。

2. 实时数据采集与分析

（1）物流过程数据采集

物联网技术能够实现对物流过程中各个环节数据的实时采集和传输，包括货物的运输状态、温湿度信息、位置信息等。这些数据可以实时上传至云端平台，为企业提供实时的物流运营数据支持。

（2）数据实时监控与分析

企业可以借助物联网技术实时监控物流过程中的各项指标，并通过数据分析工具对数据进行实时分析，发现潜在问题并及时采取措施进行处理，保障物流运营的顺畅和高效。

3. 智能化仓储与配送

（1）智能化仓储管理

物联网技术可以实现对仓储环境和货物状态的实时监控，通过智能传感器监测库存数量、货物状态等信息，并通过云端平台实时汇总和分析数据，帮助企业实现智能化的仓储管理，提高库存周转率和管理效率。

（2）智能化配送系统

物联网技术可以实现对配送过程的智能化管理，通过智能路由规划和实时监控，优化配送路径和配送车辆的调度，提高配送效率和客户满意度。同时，配送过程中的各个环节都可以实现实时数据采集和传输，这保障了配送过程的可追溯性和安全性。

（三）区块链技术

区块链技术在跨境电子商务中的应用体现了其独特的优势，具体包括以下几个方面：

1. 去中心化的交易记录

（1）数据安全性和不可篡改性

区块链技术通过去中心化的方式将交易记录存储在多个节点上，每一笔交易都经过加密处理，形成一个不可篡改的区块，然后链接成链。这样的设计保障了交易数据的安全性和完整性，防止数据被篡改或删除，提高了跨境电子商务交易的可信度。

（2）全程可追溯性和透明度

由于区块链上的交易记录都是公开可见的，任何参与者都可以查看和验证交易数据，实现了交易的全程可追溯和透明度。这种特性有助于减少欺诈行为，提高交易过程的透明度和可信度。

2. 智能合约的应用

（1）自动化执行合约

智能合约是一种基于区块链技术的自动化合约，可以在不需要第三方干预的情况下执行。跨境电子商务企业可以利用智能合约技术，将交易条件编码到智能合约中，一旦满足条件，合约就会自动执行。这种方式可以降低交易成本，提高交易效率，并减少潜在的风险。

（2）可信交易的保障

智能合约的执行基于预先设定的规则，无法被篡改或绕过，确保了交易的可信度。这种特性使得跨境电子商务交易更加安全可靠，有助于建立起信任关系。

3. 多方间的信息共享

（1）供应链信息共享

区块链技术可以实现供应链各个环节信息的实时共享和透明管理。企业可以将供应链相关数据记录在区块链上，并授予相应权限的参与者访问和修改数据。这种信息共享机制可以加强企业与供应商之间的合作，提高供应链的可见度和协同管理水平，进而降低交易成本和提高效率。

（2）金融信息共享

区块链技术还可以应用于金融信息的共享和管理。跨境电子商务企业可以利用区块链技术建立起安全可信的金融信息交换平台，实现资金流动的可追溯和透明化，加强与金融机构之间的合作，提高支付和结算的效率和安全性。

三、跨境电子商务创新趋势之合作与发展模式

（一）产业链的整合与合作

1.供应链管理的优化

（1）建立长期稳定的供应关系

跨境电子商务企业与供应商之间建立长期稳定的合作关系至关重要。通过与供应商建立紧密的合作伙伴关系，企业可以获得更好的采购价格和供货优先权，从而降低采购成本并提高供应链的稳定性。此外，长期合作还有助于双方建立起互信关系，共同应对市场变化和风险挑战。

（2）优化供应链流程和管理

跨境电商企业可以借助信息技术和数据分析工具优化供应链流程和管理。通过实施供应链管理系统和 ERP 系统，企业能够实现对供应链各个环节的实时监控和管理，提高供应链运作的效率和灵活性。此外，数据分析工具可以帮助企业识别供应链中的瓶颈并优化空间，从而及时调整策略并提升供应链的整体表现。

2.物流体系的优化

（1）建立全球化物流网络

跨境电商企业需要与物流公司合作，建立全球化的物流网络，实现全球范围内的快速配送和订单交付。通过与物流公司合作，企业可以利用其丰富的国际运输网络和物流资源，实现跨境物流的快速、高效和可追溯。此外，物流公司还可以提供跟踪和监控服务，帮助企业实时掌握订单配送状态，提升用户体验。

（2）建立海外仓储和配送中心

跨境电商企业可以与物流公司合作，在海外建立仓储和配送中心，实现商品的本地化存储和配送。通过在目标市场建立本地化的仓储和配送中心，企业可以大幅缩短交货时间，降低物流成本，并提高用户的满意度和购买意愿。

（3）运输模式的优化

跨境电商企业可以与物流公司合作，优化运输模式，选择最适合的运输方式和路线。企业可以根据货物特性、目的地和交货时间等因素，选择海运、空运、铁路运输或多式联运等不同的运输方式，以实现成本最优和交货最快的目标。

3. 支付渠道的拓展

（1）与国际支付机构合作

跨境电商企业可以与国际支付机构合作，拓展多元化的支付渠道。通过与Visa、Mastercard等国际支付机构合作，企业可以接受国际信用卡支付，满足全球用户的支付需求。此外，企业还可以与国际支付机构合作推出跨境支付解决方案，降低跨境交易的支付成本和风险。

（2）与第三方支付平台合作

跨境电商企业可以与第三方支付平台合作，拓展更多的支付方式和服务。通过与PayPal、支付宝等第三方支付平台合作，企业可以提供更多的支付选择，如电子钱包支付、移动支付和即时转账等，满足用户的个性化支付需求，并提高支付的便捷性和安全性。

（二）平台化经营

1. 电商平台的功能扩展

（1）海外仓储服务的提供

电商平台可以通过建立海外仓储网络，为跨境电商企业提供海外仓储服务。这样的服务可以帮助企业降低物流成本和配送时效，提高订单交付速度和用户满意度。通过与物流公司合作，电商平台可以实现全球范围内的仓储覆盖，满足不同国家和地区的仓储需求，为企业提供更加灵活和高效的物流解决方案。

（2）支付结算服务的提供

电商平台可以提供支付结算服务，为企业和用户提供安全、便捷的支付渠道。通过与国际支付机构和第三方支付平台合作，电商平台可以实现多元化的支付方式和支付货币的支持，满足全球用户的支付需求。同时，电商平台还可以提供支付结算的结算服务，为企业提供快速、安全的资金结算服务，降低跨境交易的支付风险和成本。

（3）售后服务体系的建设

电商平台可以建设完善的售后服务体系，为用户提供全方位的售后支持和服务保障。通过建立在线客服系统和售后服务平台，电商平台可以快速响应和解决用户的问题，提高用户的满意度和忠诚度。此外，电商平台还可以推出售后服务政策和保障计划，为用户提供产品质量保证和售后服务承诺，增强用户的信任和购买信心。

2. 跨境销售的便利化

（1）市场准入的降低

电商平台的平台化经营降低了跨境销售的市场准入门槛。企业可以通过电商平台直接接入国际市场，无须在目标国家建立实体店铺或独立电商网站，减少了市场准入的时间和成本。这种便利化的跨境销售模式使得中小型企业也能够轻松进入国际市场，促进了贸易的自由化和全球化。

（2）物流配送的优化

电商平台通过与物流公司合作，优化了跨境物流配送服务。企业可以借助电商平台提供的物流服务，实现商品的快速配送和交付。通过建立全球化的物流网络和配送体系，电商平台可以实现全球范围内的订单配送，提高物流配送的时效性和可靠性，增强了企业在国际市场的竞争力。

（3）关税和清关服务的提供

电商平台还可以为企业提供关税和清关服务，简化了跨境销售过程中的报关手续和流程。通过与海关和报关代理公司合作，电商平台可以为企业提供关税计算、报关申报和清关通关等一系列服务，降低了跨境交易的关税成本和风险，提高了订单的通关速度和顺利率。

3. 数据驱动的运营策略

（1）用户行为分析与个性化推荐

电商平台通过大数据分析和用户行为跟踪，为企业提供个性化的运营策略和商品推荐。通过分析用户的浏览、搜索和购买行为，电商平台可以了解用户的兴趣和偏好，精准地向用户推荐相关的商品和服务，提高了销售转化率和用户满意度。

（2）营销活动的精准投放

电商平台可以利用大数据分析技术，精准地进行营销活动的投放和推广。通过分析用户的地理位置、购买行为和偏好，电商平台可以确定最适合的营销渠道和广告投放策略，提高了营销活动的精准度和效果，降低了营销成本和风险。

（3）库存管理与供应链优化

电商平台可以利用大数据分析技术优化库存管理和供应链运作。通过分析销售数据和库存情况，电商平台可以实现库存预测和智能补货，避免库存积压和断货现象，提高了供应链的运作效率和整体表现。

第四章　跨境电子商务模式分类与案例分析

第一节　跨境电子商务模式概述

一、模式定义与分类

在跨境电商领域，不同的商业运作方式被归类为不同的模式，这些模式具有各自独特的特点和适用场景（见图 4-1）。

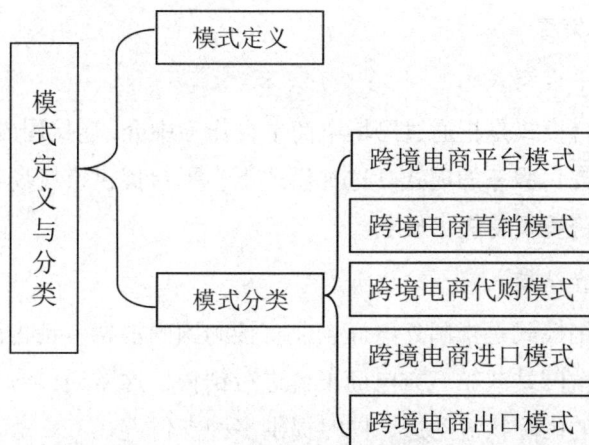

图 4-1　模式定义与分类架构图

（一）模式定义

跨境电子商务模式是一种基于互联网和电子商务平台的商业运作方式，旨在在不同国家或地区之间进行商品和服务的买卖活动。这一模式打破了传统的地域限制，通过网络的便利性和普及性，促使商业活动跨越国界，实现全球范围内的商业交易。其核心特征包括跨境采购、跨境销售、跨境物流和跨境支付等方面。

第一，企业可以通过跨境电子商务平台或其他渠道直接从国外采购所需商品。这种模式为企业提供了更广阔的采购渠道和更丰富的商品资源，有助于满足国内市场对多样化产品的需求。

第二，跨境电子商务模式涉及跨境销售，即将国内产品或服务销售到国外市场。通过互联网的全球覆盖，企业可以通过自身电子商务平台或第三方跨境电商平台，直接面向海外客户销售产品。这种模式拓展了企业的销售范围，提高了销售额和市场份额。

第三，跨境电子商务模式还包括跨境物流环节。为了实现跨境销售，商品需要通过国际物流网络从供应地运送到需求地。因此，跨境电子商务企业需要建立高效的物流配送系统，以确保商品能够安全、及时地送达客户手中。这包括选择合适的物流合作伙伴、建立国际仓储网络、优化物流流程等方面的工作。

第四，跨境电子商务模式离不开跨境支付的支持。在跨境交易中，支付环节涉及不同国家或地区的货币和支付体系，存在着汇率转换、支付安全等问题。因此，企业需要选择可靠的跨境支付服务提供商，提供多种支付方式，确保交易的顺利进行和支付的安全可靠。

（二）模式分类

1.跨境电商平台模式

跨境电商平台模式是指通过跨境电商平台作为中介，连接国内外买家和卖家，提供在线交易和支付服务的模式。这种模式下，平台提供市场场景、物流、支付等配套服务，为跨境贸易提供便利。

2.跨境电商直销模式

跨境电商直销模式是指国外电商企业直接向国内消费者销售商品和服务的模式。企业通过自营网站或第三方电商平台进行销售，通常通过海外仓储或合作物流公司实现商品的国际物流配送，同时提供多种支付方式。

3.跨境电商代购模式

跨境电商代购模式是指个人或代购商在国外购买商品，然后通过线上渠道销售给国内消费者的模式。代购商通过个人购物、集中采购等方式获得商品，并通过社交媒体、个人网店等渠道销售，实现跨境交易。

4.跨境电商进口模式

跨境电商进口模式是指国内电商企业通过海外直接采购商品，然后引进国内销售的模式。企业通常与国外供应商合作，直接进口商品到国内，然后通过自营网站或第三方电商平台进行销售。

5.跨境电商出口模式

跨境电商出口模式是指国内企业将产品出口到国外市场，通过跨境电商平台或自营网站进行销售的模式。企业可以通过开设海外仓库、合作物流公司等方式实现商品的国际物流配送，拓展海外市场。

二、模式选择与适应性分析

（一）模式选择因素

1.市场需求

市场需求是选择跨境电商模式的重要考虑因素之一。不同国家或地区的消费者有着不同的购买习惯、文化背景、法律法规等，因此，了解目标市场的需求和特点对于选择合适的跨境电商模式至关重要。

（1）消费习惯和文化背景

在选择跨境电商模式时，需要考虑目标市场的消费习惯和文化背景。例如，一些国家或地区更倾向于线上购物，而另一些国家则更喜欢线下购物体验。了解消费者的购物偏好和习惯，有助于确定最适合的销售渠道和营销策略。

（2）法律法规和政策环境

不同国家或地区的法律法规和政策环境对于跨境电商的经营方式有着重要影响。一些国家可能对跨境电商平台的运营有特定的规定，而另一些国家则可能对进口商品的标准和认证有严格要求。因此，了解目标市场的法律法规和政策环境，对于选择合适的跨境电商模式至关重要。

2.产品属性

产品属性是选择跨境电商模式的另一个重要考虑因素。不同类型的产品可能适合不同的跨境电商模式，因此，企业需要根据其产品的特点和属性来选择最合适的模式。

（1）产品品质和价值

高品质、高价值的产品通常更适合通过跨境电商直销模式进行销售。这种模式可以让企业直接接触到海外消费者，提供更高端的购物体验和品牌服务，从而实现产品的高溢价销售。

（2）产品类型和特点

不同类型的产品适合不同的跨境电商模式。例如，轻便易运输的小件商品更适合通过跨境电商平台模式进行销售，而体积较大或易碎的商品则可能更适合通过跨境电商代购模式进行销售。

3. 企业实力

企业实力是选择跨境电商模式的另一个重要考虑因素。企业需要根据自身的资金、技术、人才等方面的实力来选择最适合的跨境电商模式，以确保模式的顺利实施和长期稳定的发展。

（1）资金实力

不同的跨境电商模式需要不同程度的资金投入。例如，跨境电商直销模式需要建立独立的物流配送系统和品牌推广渠道，因此需要较大的资金投入。而跨境电商平台模式则相对较少资金投入，重点在于建设和维护平台的运营系统。

（2）技术实力

一些跨境电商模式需要较强的技术支持和平台建设能力。例如，跨境电商直销模式需要建立自己的电子商务网站或应用程序，因此需要具备一定的技术实力和开发团队。

（3）人才实力

不同的跨境电商模式需要不同类型的人才支持。例如，跨境电商平台模式需要具备市场营销、运营管理、客户服务等方面的人才，而跨境电商直销模式则需要具备供应链管理、物流配送等方面的人才。因此，企业需要根据自身的人才实力来选择最适合的跨境电商模式。

（二）模式适应性分析

1. 跨境电商平台模式的适应性分析

跨境电商平台模式在适应性上具备一定的优势和劣势。

首先，从优势方面来看，跨境电商平台通常具有较强的市场流量和用户基础，这使得企业能够快速吸引到目标客户。通过在平台上展示产品和服务，企业能够获得平台已有的大量用户流量，从而提高品牌曝光度和产品销售机会。这种市场流量的优势尤其对于新进入市场的企业来说具有重要意义，因为他们可以借助平台已有的用户基础，迅速建立起自己的品牌知名度和市场份额。

其次，跨境电商平台的竞争性定价和资源整合能力也为企业带来了一定的优势。平台上的商品价格相对较低，往往能够吸引更多的消费者，同时，平台可以整合各种资源，如供应链、物流等，为企业提供更加便捷和优惠的服务，从而提高企业的竞争力和市场地位。然而，与优势相对应的是一系列的劣势。跨境电商平台市场竞争激烈，数以百计的商家在平台上争夺有限的资源和用户流量，因此，企业需要不断提升自身的服务水平和用户体验，以区分于竞争对手，吸引更多的用户和订单。

最后，平台商家面临的风险也相对较高，一旦平台政策或算法发生变化，可能会对企业的经营造成重大影响，甚至导致业务的中断或下滑。因此，企业在选择跨境电商平台时需要谨慎评估平台的稳定性和可靠性，同时，也需要不断优化自身的产品和服务，以适应市场竞争的变化和挑战。

2. 跨境电商直销模式的适应性分析

跨境电商直销模式在适应性上具有一定的优势和劣势。

首先，从优势方面来看，采用直销模式的企业能够直接接触到目标客户，这为他们提供了更多灵活的市场营销和品牌推广机会。与在平台上竞争相比，直销模式能够使企业更加直接地了解和满足消费者的需求，因为他们可以直接与消费者互动、收集反馈，并根据市场需求灵活调整产品和服务。

其次，直销模式还能够降低企业与消费者之间的交易成本，因为中间环节较少，消费者可以直接从企业处购买产品，避免了平台费用等额外成本的产生。然而，与优势相对应的是一系列的劣势。采用直销模式的企业需要建立独立的物流配送系统，以实现产品的全球销售和配送，这增加了企业的运营成本和管理难度。尤其是面对跨境物流的挑战，企业需要应对国际货物运输的复杂性、时效性等问题，这不仅需要大量的资金投入，还需要具备相应的物流管理经验和能力。

最后，直销模式的另一个劣势是，企业需要自行承担品牌建设和市场推广的责任，相比之下，平台模式可以借助平台已有的用户流量和品牌影响力来降低市场推广的成本和风险。因此，采用直销模式的企业需要在物流配送和品牌推广方面投入更多的资源和精力，以提高竞争力和市场占有率。

3. 跨境电商代购模式的适应性分析

跨境电商代购模式在适应性上具备一定的优势和劣势。

首先，从优势方面来看，采用代购模式的企业无须建立自己的供应链，因此成本较低，可以更快速地进入跨境电商市场。相比于直接采购和销售产品，代购模式能够通过代理商或个人代购渠道获取商品，避免了自己建立供应链所需的大量资金投入和时间成本。这使得新进入市场的企业能够更加灵活地进行业务开展，快速建立起自己的业务模式和客户基础。

其次，代购模式可以带来一定程度的灵活性和多样性。代购商可以根据市场需求和客户偏好选择不同的产品，满足消费者的个性化需求，从而提高市场竞争力。

最后，代购商可以通过与代理商或个人代购者建立良好的合作关系，获取更多的产品信息和优惠价格，从而获得更大的利润空间。然而，与优势相对应的是一系列的劣势。代购模式往往缺乏品牌溢价，因为产品并非由自己品牌生产，而是通过代理或代购渠道获取，这使得企业在市场上的竞争力相对较弱。与直接销售自有品牌产品相比，代购模式可能无法获得足够的品牌认知度和忠诚度，从而影响了企业的长期发展和市场份额。此外，代购模式还需要面对货物真伪和质量等问题。由于产品并非由企业直接生产，代购商需要确保所代购的产品真实可靠，质量符合标准，否则容易导致消费者投诉和信任度下降。

4. 跨境电商进口模式的适应性分析

跨境电商进口模式在适应性上具有一定的优势和劣势。

首先，从优势方面来看，采用进口模式的企业能够获得丰富的国际商品资源，这使得他们能够更好地满足国内消费者的多样化需求。通过引进国外的优质产品，企业能够为消费者提供更多元化的选择，满足不同层次和群体的消费需求，从而提升品牌竞争力和市场份额。进口模式还能够为企业带来更高的利润空间。

其次，由于国外产品通常具有较高的品质和知名度，相比于国内产品，进口产品往往能够获得更高的售价和利润率，从而为企业带来更丰厚的利润回报。然而，与优势相对应的是一系列的劣势。采用进口模式的企业需要面对复杂的国际贸易政策和海关监管等问题。进口产品涉及海关报关、税费缴纳、商品检验等烦琐流程，这不仅增加了企业的运营成本，还可能会因为政策变化或操作失误而导致货物滞留或扣留，给企业带来较大的经营风险。

最后，由于进口产品往往需要经过长途运输和跨境物流，因此企业还需要面临物流运输时间长、运输成本高等问题。特别是在面对国际贸易环境的不确定性和波动性时，企业需要具备较强的应变能力和风险管理能力，以应对市场的变化和挑战。

5. 跨境电商出口模式的适应性分析

跨境电商出口模式在适应性上展现出一系列的优势和劣势。

首先，从优势方面来看，采用出口模式的企业能够将产品拓展到国际市场，从而开拓海外客户群体，实现业务多元化。通过将产品推向海外市场，企业可以突破国内市场的局限，获得更广阔的发展空间和机会。开拓海外市场还可以带来更多的销售渠道和收入来源，降低企业的市场风险和依赖程度，从而提高企业的抗风险能力和盈利水平。

其次，出口模式能够为企业带来更多的品牌影响力和认知度。在国际市场上建立起良好的品牌形象和声誉，有助于提升企业在全球范围内的知名度和竞争力，进而吸引更多的客户和合作伙伴，实现品牌价值的最大化。然而，与优势相对应的是一系列的劣势。采用出口模式的企业需要充分了解目标市场的特点和需求，以确保产品在海外市场的适应性和竞争力。这包括了解当地的文化、消费习惯、法律法规等因素，以便调整产品设计、营销策略和服务模式，以满足海外消费者的需求。

最后，企业还需要面对国际物流、支付等方面的挑战。跨境物流的复杂性和不确定性可能会导致运输延误、货物损坏等问题，增加了企业的经营风险和成本。国际支付的不稳定性和安全性问题也需要企业加强管控和应对。

三、跨境电子商务平台商业模式的构成要素

商业模式涵盖跨境电商平台客户、提供物、基础设施、财务状况四个紧密联系的部分。

（一）跨境电商平台客户

1.平台客户细分

（1）地理位置细分

在跨境电商平台中，地理位置是一个重要的细分因素。不同地区的消费者在购买行为、偏好和文化背景上存在显著差异。因此，平台可以将客户根据其地理位置进行细分，以更好地满足其需求。

① 国家或地区细分

针对不同国家或地区的客户群体，平台可以根据其特定的文化、法律法规、支付习惯等因素进行细分。例如，在中国市场，消费者可能更喜欢支付宝或微信支付，而在美国市场，则更倾向于信用卡支付。因此，针对不同地区的支付习惯进行相应调整是至关重要的。

② 城市细分

在某些大型国家或地区，城市之间也可能存在差异。不同城市的消费水平、消费习惯和购买力可能存在较大差异。通过将客户按城市进行细分，平台可以更有针对性地制定营销策略和服务方案，以满足不同城市的需求。

（2）购买偏好细分

① 商品类别偏好

客户对不同商品类别的偏好也是一个重要的细分因素。通过分析客户在平台

上的购买历史和浏览行为，可以发现其对特定商品类别的偏好。例如，有些客户更倾向于购买电子产品，而另一些客户则更喜欢购买时尚服饰。平台可以根据这些购买偏好，向客户推荐相关产品，提高销售转化率。

② 品牌偏好

除了商品类别，客户对特定品牌的偏好也是一个重要的细分维度。一些客户可能对知名品牌更感兴趣，而另一些客户则更注重性价比。了解客户的品牌偏好可以帮助平台更好地选择合作品牌、进行产品推广和定价策略。

（3）消费能力细分

① 高消费群体

高消费群体通常具有较高的购买力和消费需求。这些客户可能更倾向于购买高端产品或服务，愿意支付更高的价格。平台可以通过向这些客户提供个性化的购物体验、高品质的产品和增值服务来吸引他们，并提高客户的忠诚度。

② 低消费群体

与高消费群体相反，低消费群体可能对价格更为敏感，更注重性价比。他们可能更倾向于购买折扣或促销产品，对价格敏感度较高。因此，平台可以通过提供价格实惠、性价比高的产品，以及灵活的支付方式来吸引这一客户群体。

2. 平台客户关系

（1）客户服务

建立良好的客户服务体系是跨境电商平台维护客户关系的重要手段。客户服务不仅包括及时有效地解决客户问题和投诉，还包括为客户提供购物指导、售后服务等。平台可以通过建立在线客服、设置客户服务热线、提供在线帮助中心等方式，提升客户服务水平。

（2）反馈机制

平台需要建立有效的反馈机制，及时收集客户的意见、建议和投诉，并采取相应的改进措施。这可以通过客户满意度调查、用户评价系统、社交媒体监控等方式来实现。积极倾听客户的反馈，并及时作出回应和改进，有助于增强客户的信任感和忠诚度。

（3）社交媒体互动

通过参与社交媒体互动，平台可以与客户建立更加密切的联系，增强品牌曝光和用户参与度。平台可以通过发布有趣的内容、举办线上活动、与用户进行互动等方式，吸引用户关注，并促进用户之间的交流和分享。这有助于提升品牌知名度、塑造品牌形象，进而促进用户转化和复购。

3.跨境渠道通路

（1）网站

跨境电商平台的网站是其最主要的销售和推广渠道之一。通过建设专业、易用的网站界面，提供多语言、多货币的购物体验，平台可以吸引更多国际客户的关注，并提升用户的购物体验和满意度。

（2）移动应用

随着移动互联网的普及，移动应用已成为跨境电商平台不可或缺的销售渠道之一。通过开发移动应用，平台可以更好地满足用户的移动购物需求，提供便捷的购物体验。移动应用可以通过推送个性化的推荐内容、提供便捷的支付方式、优化用户界面等方式，增加用户的使用黏性和忠诚度。

（3）社交媒体

社交媒体在跨境电商平台的推广和营销中起着越来越重要的作用。平台可以通过在主流社交媒体平台上建立官方账号，发布有吸引力的内容、参与用户互动等方式，扩大品牌影响力，吸引更多潜在客户。此外，社交媒体还是与客户进行直接沟通和互动的平台，平台可以通过社交媒体了解客户的需求和反馈，从而更好地调整营销策略。

（二）跨境电商平台提供物

1.核心价值主张

（1）产品质量保证

产品质量保证是跨境电商平台的核心价值主张之一。平台承诺所销售的商品都经过严格的质量检验和认证，确保符合国际标准和客户的期望。这种承诺可以增强用户的信任感和购买意愿，帮助平台建立良好的品牌声誉。

（2）价格优势

价格优势是吸引用户选择跨境电商平台的重要因素之一。平台通过直接与制造商或供应商合作，省去中间环节，从而能够提供更具竞争力的价格。此外，平台还可能通过促销活动、折扣优惠等方式提供价格优势，吸引更多用户。

（3）购物体验

良好的购物体验是跨境电商平台的核心价值之一。平台通过优化网站界面设计、提供个性化推荐、简化购物流程等方式，为用户营造愉悦、便捷的购物体验。同时，平台还能提供多语言、多货币支持，满足不同用户群体的需求。

（4）物流速度

快速、可靠的物流配送服务是跨境电商平台的核心价值之一。平台承诺在用户下单后尽快发货，并提供可追踪的物流信息，让用户随时了解订单状态。通过高效的物流配送，平台可以提高用户的满意度和忠诚度。

2. 核心价值模块

（1）商品展示页面

商品展示页面是跨境电商平台的核心价值模块之一。平台需要设计清晰、直观的商品展示页面，以吸引用户的注意力并提供详细的商品信息。良好的商品展示页面可以帮助用户快速找到所需商品，提高购物效率。

（2）在线支付系统

在线支付系统是跨境电商平台的关键模块之一。平台需要提供安全、便捷的支付方式，包括信用卡支付、支付宝、PayPal 等。同时，平台还需要保障用户的支付信息安全，通过加密技术和安全认证等方式防止支付信息泄露和欺诈行为。

（3）订单处理流程

订单处理流程是跨境电商平台的重要模块之一。平台需要建立高效、可靠的订单处理系统，确保订单能够及时准确地处理并安排配送。良好的订单处理流程可以提高用户的购物体验和满意度，促进用户的再次购买。

（4）物流配送服务

物流配送服务是跨境电商平台的关键模块之一。平台需要与可靠的物流合作伙伴合作，提供快速、可追踪的物流配送服务。同时，平台还需要建立完善的售后服务体系，及时处理用户的物流问题和投诉，保障用户的权益。

（5）售后服务支持

售后服务支持是跨境电商平台的重要模块之一。平台需要提供及时有效的售后服务，包括退换货政策、订单跟踪、售后咨询等。良好的售后服务支持可以增强用户的信任感和忠诚度，提升用户的购物体验。

（6）用户评价系统

用户评价系统是跨境电商平台的重要模块之一。平台需要建立可信、可靠的用户评价系统，让用户可以对购买的商品和服务进行评价和反馈。用户评价可以帮助其他用户更好地选择商品，同时也是平台改进和优化的重要依据。

（三）跨境电商平台基础设施

1. 关键跨境业务

（1）商品采购

① 供应商选择与管理

跨境电商平台的商品采购环节至关重要。平台需要与可靠的供应商建立合作关系，确保商品的质量和稳定供应。选择合适的供应商需要考虑诸如产品质量、价格、供货能力等因素，并通过供应商管理机制监控供应商的绩效和合作情况。

② 商品定价与采购策略

平台需要制定合理的商品定价和采购策略，以确保在保证利润的同时吸引更多客户。这可能涉及对市场需求和竞争情况的分析，以及对货物成本、汇率波动等因素的考虑。平台还需要灵活调整采购策略，根据市场变化和用户反馈做出及时调整。

（2）供应链管理

① 物流配送优化

跨境电商平台需要建立高效的供应链管理系统，确保商品能够及时、准确地配送到客户手中。优化物流配送可以包括选择合适的物流合作伙伴、建立快速的物流通道、实现全程可追踪等措施，提高物流效率和客户满意度。

② 库存管理与预测

平台需要有效管理库存，并通过数据分析和市场预测等手段准确预测产品需求，避免库存积压或缺货情况发生。合理的库存管理可以降低存储成本，提高资金利用率，保障商品供应的及时性和稳定性。

（3）市场营销

① 跨境市场分析

平台需要进行跨境市场分析，深入了解目标市场的特点、需求和竞争情况。这包括对目标市场的文化、法律法规、消费习惯等方面的了解，以及对竞争对手的分析和比较。通过市场分析，平台可以制定针对性的营销策略，提高市场竞争力。

② 跨境营销策略

平台需要制定有效的跨境营销策略，以吸引目标客户并提升品牌知名度。这可能包括线上广告、社交媒体营销、搜索引擎优化等方式。平台还可以通过参与跨境电商展会、举办促销活动等方式扩大品牌影响力，吸引更多客户。

（4）客户服务

① 售前咨询与服务

提供及时有效的售前咨询和服务是跨境电商平台的关键业务之一。平台需要建立完善的客户服务体系，为用户解答疑问、提供购物建议，并引导用户完成购买行为。良好的售前服务可以增强用户对平台的信任感，促进交易的完成。

② 售后支持与维权服务

跨境电商平台还需要提供完善的售后支持和维权服务，帮助用户解决订单发货、退换货等问题。平台需要建立高效的售后处理流程，及时响应用户的投诉和维权请求，并保障用户的合法权益。

2. 平台核心资源

（1）品牌声誉

平台的品牌声誉是其最重要的核心资源之一。良好的品牌声誉可以增强用户对平台的信任感，吸引更多用户的关注和选择。平台需要通过提供优质的产品和服务，积极回应用户的反馈，不断提升品牌声誉。

（2）用户数据库

用户数据库是平台的核心资产之一。平台需要建立完善的用户数据库，并通过数据分析和挖掘，深入了解用户的需求和行为，为其提供个性化的服务和推荐。同时，平台需要加强用户数据的保护，保障用户隐私和数据安全。

（3）技术平台

技术平台是跨境电商平台的重要核心资源之一。平台需要建立稳定、安全的技术平台，支撑业务的正常运行和发展。这包括建设高可用性的服务器架构、采用先进的数据加密和安全技术、优化网站性能和用户体验等方面。

（4）供应链网络

供应链网络是平台的重要核心资源之一。平台需要建立稳定可靠的供应链网络，确保商品能够及时、顺利地从供应商处配送到客户手中。平台需要与供应商、物流公司等合作伙伴建立紧密的合作关系，优化供应链流程，降低运营成本，提高物流效率。

3. 平台重要合作

（1）供应商合作

与供应商的合作是平台的重要合作之一。

① 产品采购合作

平台需要与供应商建立稳定的产品采购合作关系。这包括与国内外供应商进行谈判、签订采购合同等。通过与供应商合作，平台可以获取优质的产品资源，并确保供应链的稳定性和可靠性。

② 新品开发合作

除了采购现有产品，平台还可以与供应商合作进行新品开发。这可能涉及与供应商共同研发新产品、定制特色商品等。通过新品开发合作，平台可以提供独特的产品，满足用户个性化需求，增强市场竞争力。

（2）物流合作

① 国际物流合作

跨境电商平台需要与国际物流公司建立合作关系，确保商品能够快速、安全地从国内运送到国外目的地。物流合作包括选择可靠的物流合作伙伴、协调运输路线、提供跟踪服务等。通过与物流公司合作，平台可以提高物流效率，降低物流成本，提升用户体验。

② 本地物流合作

在国外市场，跨境电商平台也需要与本地物流公司建立合作关系，提供本地配送服务。本地物流合作可以帮助平台解决最后一公里的配送难题，提高配送速度和准确度，增强用户满意度。

（3）支付合作

① 跨境支付合作

跨境电商平台需要与跨境支付机构合作，提供便捷、安全的支付服务。支付合作包括接入多种支付方式、保障支付安全、降低汇率转换成本等。通过与支付机构合作，平台可以满足用户多样化的支付需求，提高交易完成率。

② 本地支付合作

在国外市场，跨境电商平台还需要与本地支付机构合作，提供符合当地习惯和规定的支付方式。本地支付合作可以增加用户支付的便捷性和安全性，降低用户的支付壁垒，促进交易的完成。

（4）营销合作

① 广告合作

跨境电商平台可以与国内外的广告平台或代理商合作，进行广告投放和推广。广告合作可以帮助平台提升品牌知名度，吸引更多潜在客户，扩大市场份额。

② 媒体合作

与媒体合作是平台进行品牌宣传和推广的重要方式之一。平台可以与行业媒体、网络媒体、社交媒体等进行合作，发布品牌广告、赞助活动等，提高品牌曝光度和影响力。

（四）跨境电商平台财务状况

1. 平台的收入来源

平台的收入来源包括商品销售收入、广告推广收入、服务费收入等。平台需要通过多种方式获取收入，以保障其财务状况的稳定和健康发展。

2. 平台的成本结构

平台的成本结构包括人力成本、技术开发成本、市场推广成本、物流配送成本、客户服务成本等。平台需要合理控制和管理成本，以确保其盈利能力和长期可持续发展。

第二节　不同的跨境电子商务模式及其特点

跨境电商是指位于不同国家的交易主体借助各类跨境电商平台实现商品的网上下单和支付，再通过国际物流将商品送达消费者的一种对外贸易活动。跨境电商按照商品流动方向可以分为出口跨境电商和跨境进口电商。

一、出口跨境电商形式及特点

（一）B2C 模式：自营商对客模式

对资金和资源有较高要求，在此模式下大多数商品都需要平台自己备货。自营商对客模式分为综合型自营和垂直型自营两类，前者的优势是跨境供应链管理能力强，有较为完善的跨境物流解决方案。后者供应商管理能力相对较强，但是前期需要较大的资金支持。

1. 综合型自营

综合型自营是一种跨境电商 B2C 模式，其特点在于平台自身直接负责商品的采购、库存管理、销售和售后服务等方面。这种模式对资金和资源有较高要求，因为平台需要投入大量资金和资源来备货和管理整个供应链。其优势在于跨境供应链管理能力强，有着较为完善的跨境物流解决方案。

2.垂直型自营

垂直型自营是另一种跨境电商 B2C 模式，与综合型自营相比，垂直型自营更专注于某一特定领域或品类的商品销售。这种模式在供应链管理上相对更为精细，由于专注于特定领域，能够更好地管理供应商关系和商品品质。然而，垂直型自营在前期需要较大的资金支持，因为要建立起专业化的供应链和品牌形象，需要大量的投资。

3.特点分析

B2C 模式的自营商对客模式在跨境电商中具有几个显著特点：

（1）高资金要求

由于需要自行备货、管理供应链以及提供售后服务，这种模式需要大量的资金支持。

（2）供应链管理能力强

特别是综合型自营，通常具有较为完善的供应链管理系统和跨境物流解决方案，能够确保商品的高效供应和物流配送。

（3）品牌影响力

通过自营模式，电商平台能够建立起自己的品牌形象，并通过提供优质的商品和服务来赢得消费者的信任和忠诚度。

（4）高风险高回报

尽管需要投入大量资金和资源，但自营模式在成功后通常能够获得丰厚的回报，因为平台拥有更多的控制权和利润空间。

（二）B2B 模式：互联网 + 传统国际贸易

1.广义理解

在广义层面上，跨境电商 B2B 指的是企业之间通过互联网进行跨境贸易活动，即"互联网 + 传统国际贸易"。这种模式利用互联网来促进不同国家和地区之间的商业合作和贸易往来，以实现更便捷、高效的跨境交易。

2.狭义理解

在狭义层面上，跨境电商 B2B 指的是基于电子商务信息平台或交易平台的企业之间进行跨境贸易活动。这种模式通过电子商务平台将买家和卖家连接起来，为其提供交易、支付、物流等全方位的服务，促进跨境贸易的顺畅进行。

3. 特点分析

B2B 模式在跨境电商中具有以下特点：

（1）专业化服务

B2B 电商平台通常提供专业化的服务，包括但不限于供应链管理、订单处理、支付结算、物流配送等，以满足企业客户的需求。

（2）多元化产品

跨境 B2B 平台上的产品种类丰富多样，涵盖了各行各业的商品和服务，企业客户可以根据自身需求选择合适的供应商和产品。

（3）安全可靠

通过 B2B 平台进行跨境贸易，交易过程通常更加安全可靠，平台会提供各种保障措施，如信用评级、交易担保等，确保交易双方的权益。

（4）提高效率

B2B 模式利用互联网技术和平台化运营，能够大大提高跨境贸易的效率，简化了传统贸易流程，节约了时间和成本。

（三）O2O 模式：跨境全渠道零售

跨境电商企业应利用资源优势改变传统业务发展模式，后端利用跨境 ERP 管理系统提升供应链管理效率，前端通过全渠道销售 +O2O 服务积极开拓前端市场，实现线上线下一体化发展，为渠道商和顾客提供更优质的服务、产品，创新零售模式。

1. 跨境 ERP 管理系统

O2O 模式的核心在于利用跨境 ERP 管理系统，该系统整合了企业的各个业务环节，包括采购、库存管理、订单处理、物流配送等，实现了全流程的管理和控制。跨境 ERP 管理系统通过数据分析和智能化决策，提高了供应链管理的效率和精准度，使企业能够更好地应对市场变化和客户需求。

2. 全渠道销售

O2O 模式强调的是全渠道销售，即通过线上线下多种渠道共同销售产品和提供服务，以满足不同消费者的购物习惯和需求。企业通过电子商务平台、社交媒体、线下门店等渠道开展销售活动，实现线上线下的无缝连接，为消费者提供更便捷、更个性化的购物体验。

3.O2O 服务

O2O 模式注重提供全方位的服务，包括但不限于商品展示、在线咨询、快速配送、售后维护等。通过线上平台和线下门店相结合的方式，企业能够更好地与消费者互动，了解其需求并及时响应，提供更贴心、更高效的服务体验。

4.新零售模式

O2O模式实质上是一种新零售模式，其核心在于通过技术创新和商业模式革新，重新定义和重塑传统零售业。跨境电商企业通过O2O模式，能够实现线上线下一体化发展，打破传统零售的界限，创造更多的销售机会和增长空间。

5.特点分析

O2O模式在跨境电商中具有以下特点：

（1）服务导向

O2O模式注重提供优质的服务体验，通过线上线下结合的方式，为消费者提供更全面、更个性化的购物服务。

（2）数据驱动

O2O模式依托跨境ERP管理系统，通过数据分析和智能化决策，优化供应链管理和营销策略，实现精准营销和精细化运营。

（3）用户互动

O2O模式通过线上平台和线下门店的互动，促进了企业与消费者之间的互动和沟通，建立了更加紧密的关系。

（4）创新驱动

O2O模式是一种创新驱动的商业模式，通过技术创新和商业模式创新，不断满足消费者的需求，提升企业的竞争力和市场影响力。

二、跨境进口电商形式及特点

目前，中国跨境进口电商的三大主流模式有：渠道招商、保税自营＋直采、海外买手制以及保税邮购形式。消费者购买海外商品重要渠道见表4-1。

表4-1 消费者购买海外商品重要渠道对比一览表

类型	跨境进口电商直邮	跨境进口电商保税	海淘代购	保税店
税收	行邮税	行邮税	无	行邮税
商品价格构成	商品标价＋邮费＋行邮税	商品标价＋行邮税	商品标价＋个人路费/邮费	商品标价＋行邮税＋店面营运
发货地点	海外	国内保税仓	海外	国内保税仓
货源	多有正品保证	多有正品保证	货源参差不齐	多有正品保证
品类	品类丰富	需要平台对消费者需求提前作出预判	品类较丰富，但需便于携带	品类有限
到货	一般15—20个工作日	一般3—5个工作日	约半个月至一个月	—
售后	有售后保障	有售后保障	无售后保障或非常麻烦	有售后保障

（一）M2C 形式

即渠道招商。这种形式下商家需求获得海外零售的资历和授权，产品从海外直邮，而且可以供给本地退换货服务，可是通常而言价位比较高。

1. 渠道招商

M2C 形式，即渠道招商，是一种跨境进口电商形式。在这种形式下，商家需要获得海外零售的资质和授权，以便从海外直邮产品，同时提供本地的退换货服务。尽管这种形式的产品价格通常较高，但它具有一定的优势和特点。

2. 特点分析

M2C 形式的特点如下所示：

（1）海外直邮

产品直接从海外邮寄到国内，减少了中间环节，加快了交货速度，提高了消费者的购物体验。

（2）本地退换货服务

为消费者提供了更加便利的售后服务，增强了消费者对产品的信任度，促进了销售。

（3）价格较高

由于产品直邮以及提供本地服务，通常导致产品价格较高，这可能限制了一部分消费者的购买意愿。

（二）B2C 形式

即保税自营＋直采。这种形式下渠道一般会直接参与到货源安排和物流仓储生意流程中，进步销售流，可是目前此形式下通常为爆品，品类有限。

1. 保税自营＋直采

B2C 形式中的保税自营＋直采是一种常见的跨境进口电商形式。在这种模式下，渠道一般会直接参与到货源安排和物流仓储生意流程中，从而提高销售流程的效率和效果。然而，目前这种形式下通常适用于爆品，品类相对有限。

2. 特点分析

B2C 形式中保税自营＋直采的特点包括：

（1）渠道参与货源安排

与传统的 B2B 模式不同，这种形式下渠道直接参与到货源安排和物流仓储过程中，从而更好地控制产品的质量和供应链的稳定性。

（2）进步销售流程

通过直接参与货源安排和物流仓储，可以大大提高销售流程的效率，缩短订单处理和交货周期，满足消费者的购物需求。

（3）适用于爆品

目前这种形式通常适用于爆品，即市场需求量较大的热门产品，因为其对货源的要求相对较高，需要及时补货和配送。

（三）C2C 形式

即海外买手制。这种形式下构建了供应链和选品的宽度，但一期也存在了传统的依靠广告和返点盈余的形式，导致服务体会掌控差。

1. 海外买手制

C2C 形式中的海外买手制是一种跨境进口电商形式，其特点在于构建了供应链和选品的宽度。在这种模式下，买手作为中间人，通过海外采购和代购等方式，将海外商品引入国内市场，为消费者提供更多元化的产品选择。

2. 特点分析

海外买手制的特点包括：

（1）构建供应链

通过海外买手的采购和代购，构建了国际供应链，丰富了产品的种类和选择，满足了消费者的多样化需求。

（2）多样化选品

由于买手的广泛渠道和丰富经验，能够提供更具特色和个性化的产品，吸引消费者的关注和购买。

（3）传统依赖广告和返点

虽然拓展了选品的宽度，但一些海外买手制平台仍然存在传统依赖广告和返点盈余的模式，导致服务体验掌控差。

（四）B2B2C 形式

B2B2C 形式即保税邮出形式。这种形式最大的特点是没有库存的压力，可是实际上这种形式是借助了跨境电商的名义实行的是一般交易，久远来看不会是跨境电商的发展方向。

1. 保税邮出形式

B2B2C 形式中的保税邮购是一种跨境进口电商形式，其特点在于没有库存的压力，产品直接从境外发出，无须经过中间仓储环节，直接邮寄给消费者。然而，实际上这种形式是借助了跨境电商的名义实行的一般交易，从长远来看不太可能是跨境电商的主要发展方向。

2. 特点分析

保税邮购形式的特点包括：

（1）无库存压力

由于产品直接从境外邮寄给消费者，不需要经过中间仓储环节，因此不存在库存积压和管理的问题，降低了运营成本和风险。

（2）直接邮寄给消费者

产品直接邮寄给消费者，加快了交货速度，提高了购物体验，增强了消费者的满意度和忠诚度。

（3）一般交易形式

实际上，这种形式是借助跨境电商的名义实行的一般交易，而非真正意义上的跨境电商模式，因此长远来看不太可能成为跨境电商的主要发展方向。

第三节　以实际案例探讨不同模式的运作

一、速卖通跨境电商案例分析

速卖通作为我国代表性的 B2C 跨境电子商务平台，其商业模式的结构和特点在行业中具有重要的参考意义。案例从四个维度和九项要素入手，对跨境电商平台速卖通的商业模式进行具体分析与探讨，并绘制了速卖通商业模式架构图（如图 4-2 所示）。

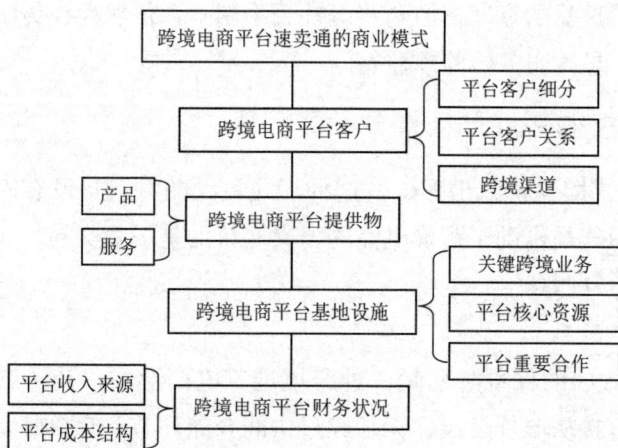

```
                跨境电商平台速卖通的商业模式
                           │
                           │                      ┌──────────┐
                           │                  ┌───│ 平台客户细分 │
                           │                  │   └──────────┘
                    ┌──────────────┐          │   ┌──────────┐
                    │ 跨境电商平台客户 │──────────┼───│ 平台客户关系 │
                    └──────────────┘          │   └──────────┘
                           │                  │   ┌──────────┐
           ┌──────┐        │                  └───│  跨境渠道  │
           │ 产品 │────┐   │                      └──────────┘
           └──────┘    │┌──────────────┐
           ┌──────┐    ││ 跨境电商平台提供物 │
           │ 服务 │────┘└──────────────┘
           └──────┘        │                      ┌──────────┐
                           │                  ┌───│ 关键跨境业务 │
                    ┌──────────────┐          │   └──────────┘
                    │ 跨境电商平台基地设施 │──────┼───│ 平台核心资源 │
                    └──────────────┘          │   └──────────┘
                           │                  │   ┌──────────┐
      ┌──────────┐         │                  └───│ 平台重要合作 │
      │ 平台收入来源 │──┐   │                      └──────────┘
      └──────────┘  │┌──────────────┐
      ┌──────────┐  ││ 跨境电商平台财务状况 │
      │ 平台成本结构 │──┘└──────────────┘
      └──────────┘
```

图 4-2　跨境电商平台速卖通的商业模式架构图

（一）跨境电商平台客户

1. 平台客户细分

速卖通通过目标营销完成了客户细分并确定了其服务的主要群体，具体包括国际消费者及平台商家两种类型。

（1）国际消费者

关于国际消费者的特征，速卖通将海外买家的用户画像定位于 18 至 65 岁的群体，注重丰富的商品选择、性价比高、品质感强以及独特性。在学历方面，根据速卖通在 2020 年的用户统计显示，其海外消费者中高等教育程度的人群占比较高，例如，在俄罗斯约占 54%、西班牙约占 35%、法国约占 34%。至于地域属性，速卖通的目标市场主要聚焦于发达国家和金砖国家等地区。

（2）平台商家

速卖通的平台商家主要由国内中小型供应商和一些独立经营的企业组成。这些供应商涵盖了外贸生产型企业和外贸公司，以及来自淘宝、天猫等电商平台的转型企业。这些商家在速卖通平台上展示和销售各种商品，从日常消费品到特色产品，种类丰富多样。其中，外贸生产型企业通常专注于生产和供应特定类型的产品，如服装、配件、家居用品等。外贸公司则更多地从事跨境贸易和供应链管理，为平台提供各种商品的采购和销售服务。同时，一些来自淘宝、天猫等国内电商平台的企业也纷纷转型加入速卖通，以拓展海外市场和提升全球业务水平。值得一提的是，2019 年起，速卖通首次允许俄罗斯、土耳其、意大利和西班牙等四个国家的商家入驻平台，进一步拓展了其海外招商范围，也为平台商家提供了更广阔的国际市场和合作机会。这一举措不仅促进了速卖通平台的国际化发展，还为平台商家带来了更多的业务机遇和潜在客户资源。

2. 平台客户关系

速卖通作为沟通买卖双方的跨境电商平台，与国际消费者和平台商家均建立了良好且紧密的客户关系，具体体现在以下两点：

（1）国际消费者

为拉近与海外消费者的距离，加强平台与消费者的双向沟通，速卖通推出了多个卖家评价关键指标，包括好评率、纠纷率、成交不卖率等。这些指标都是从海外消费者的角度出发，旨在听取消费者最真实的消费反馈，并将其传达给平台商家。通过这些关键指标，速卖通帮助商家了解自身产品和服务在海外市场的表现，从而及时调整经营策略、改善服务质量，更好地满足消费者的需求。此外，速卖通还在商家后台设立了专门的客户营销界面，为商家提供了更多与海外消费者互动的机会。商家可以通过该界面从店铺加购人群、店铺粉丝等多个维度进行人群圈选，然后采取买家会话、定向优惠券等多种触达方式，与特定人群进行持续的沟通和互动。这种针对性的客户营销策略有助于提高用户参与度和忠诚度，促进消费者与商家之间的关系更加紧密。通过这些举措，速卖通不仅提升了平台的用户体验，也帮助商家更好地了解和服务海外消费者，进一步促进了平台的国际化发展。

（2）平台商家

速卖通平台致力于帮助商家解决各个经营环节中出现的问题和难点。从平台成立之初开始，速卖通便建立了"速卖通大学"（目前已更名为"全球速卖通培训中心"），作为一个专门开展跨境电商规则培训和经验分享的学习社区。该平台向平台商家提供丰富的业务经营知识分享，旨在与商家建立长期且紧密的客户关系。通过"速卖通大学"，商家可以获取来自行业专家和资深经营者的宝贵经验和建议，从而更好地应对市场挑战和竞争压力，提高自身的经营水平和竞争力。

此外，速卖通还在其官网和商家后台推出了诸如"新商家助力"和"超级私享课"等功能，旨在辅助国内商家更深入地了解跨境电商的具体运营方式和策略。这些功能提供了一系列针对性的培训课程和指导，涵盖了从产品选品、店铺装修到推广营销等各个方面，为商家提供了全方位的指导和支持。通过这些培训课程和功能，速卖通帮助商家了解市场趋势、掌握行业动态，以及提升商家的经营技能和管理水平，从而实现更快速地成长和发展。

3.跨境渠道

通路速卖通在将自身推向客户和市场的过程中，主要通过服务渠道、促销渠道和分销渠道进行信息和价值的传达。

（1）服务渠道

服务渠道在速卖通中扮演着至关重要的角色，其核心体现在为客户建立的沟通渠道通路。为了提高国际消费者和商家进行沟通的效率，速卖通开发了"Trade Manager"软件，旨在解决跨境沟通中的问题。这一软件提供了一个集成化的平台，使得商家能够更便捷地与国际消费者进行沟通和交流。通过"Trade Manager"，商家可以及时地回复客户的询问、处理订单和解决问题，从而提升了客户服务的效率和质量。

除了软件工具之外，速卖通还在其 App 端开发了站内信和留言功能等线上沟通渠道，以进一步满足消费者和商家之间沟通畅通的需求。这些线上沟通渠道提供了一个便捷的交流平台，使得消费者能够随时随地与商家进行联系，并及时获取所需信息。通过站内信和留言功能，消费者可以向商家提出疑问、反馈意见或投诉，而商家也可以通过这些渠道及时地回应和处理客户的需求和问题，从而建立起更加紧密和稳固的客户关系。

（2）促销渠道

在促销渠道方面，速卖通采取了一系列措施，旨在为平台商家提供多样化的促销机会，以增加其曝光量和销售额。这些促销渠道主要分为站内和站外两大类。

站内促销渠道主要通过速卖通平台内部的推广和宣传手段实现。其中，最为突出的是通过"直通车"等方式为平台商家提供关键词投放和商品推荐投放等服务。通过直通车，商家可以选择合适的关键词，将自家商品置于搜索结果的前列，提高商品的曝光度和点击率，从而增加销量和订单。此外，速卖通还通过首页推荐、活动页面推广等方式，为商家提供更多的曝光机会，进一步提升其产品在平台上的可见度和竞争力。

站外促销渠道则是通过速卖通平台外部的宣传和推广手段进行。其中，速卖通营销联盟是一种典型的站外推广方式。通过速卖通联盟营销，平台可以与一大批海外网站进行合作，将商家的产品广告嵌入到这些网站的页面中，从而吸引更多的流量和用户访问。这种按效果付费的推广方式，有效地提高了商家的曝光量和销售额，为其带来了更多的业务机会和利润增长。

（3）分销渠道

分销渠道在跨境电子商务中扮演着至关重要的角色，而速卖通作为一家领先的跨境电商平台，为供应商提供了强大的分销渠道通路，通过多种方式与客户进行直接联系。

首先，速卖通通过其平台客户端渠道与客户进行直接沟通和交易。这包括了速卖通的App、Web网页端平台以及PC端等多个客户端渠道。这些渠道为供应商提供了直接向海外客户展示产品、进行销售和交易的便利途径。通过这些渠道，供应商可以直接将产品推广给全球范围内的潜在客户，实现跨境销售。

其次，对于想要发展线上跨境贸易的商家而言，速卖通平台本身就是一个具有强大分销能力的渠道通路。入驻速卖通平台可以让商家在国际市场上获得更多的曝光和销售机会，从而拓展其销售渠道，实现销售增长。与传统的线下渠道相比，速卖通平台的入驻门槛较低，风险相对较小，这为商家提供了一个低成本、高效率的销售渠道选择。

（二）跨境电商平台提供物

跨境电商平台提供的物，主要体现在其核心价值主张上。对于速卖通而言，"更智能的购物，更美好的生活"是其核心价值主张。作为连接国内商家和国际消费者的跨境电商平台，速卖通通过产品和服务两个方面实现其价值主张。

1. 产品

（1）供应商资源

速卖通借助 1688 等供应商资源，通过严格的产品质检环节保证产品质量和供应的充足性。这使得消费者可以在平台上购买到质量有保障的商品，增强了消费者的信任感和购买欲望。

（2）免购买量限制

与阿里巴巴国际站相比，速卖通取消了商品最低购买量的限制，为海外消费者提供了更加灵活的购物体验。这使得消费者可以根据自己的需求和预算灵活地选择商品，增加了购买的便利性和灵活性。

2. 服务

（1）支付工具保障

速卖通通过国际版支付宝等支付工具保证了资金的安全流动。这为消费者提供了安全可靠的支付渠道，增强了消费者在平台上购物的信心和安全感。

（2）物流服务支持

速卖通提供了"Ali Express 无忧物流"的支持，为中小型交易提供了便捷可靠的全套服务。这包括了从下单到送达的全程物流服务，保障了商品的及时交付，提高了消费者的满意度和购物体验。

（3）店铺评级机制

速卖通通过店铺星级打分机制实时监控消费者对平台商家的服务体验。这激励平台商家通过提供图文相符的产品、及时回应的客户服务以及快速高效的物流服务提高店铺评级，构建了良好的服务质量提升路径。

（三）跨境电商平台基础设施

1. 关键跨境业务

为维护和发展健康的平台生态，速卖通主要关注以下几项关键跨境业务的开展：

（1）物流业务

目前，速卖通已建立了与全球几乎所有主流物流服务商的合作关系，其中包括国际 EMS、FedEx、UPS 等知名物流公司。此外，针对不同国家和地区的需求，速卖通还支持专线物流服务，如燕文专线等。这些合作关系和服务覆盖了全球范围，为速卖通的全球化运营提供了重要支持。

为进一步提升物流服务质量和用户体验，速卖通联合菜鸟网络推出了"Ali-Express 无忧物流"官方物流体系。这一体系为商家提供了一站式的物流解决方案，涵盖了从揽收、配送到物流追踪、售后赔付等环节，保障了货物的顺利运达和消费者的购物体验。通过与菜鸟网络的合作，速卖通进一步完善了其物流网络，提高了物流服务的效率和可靠性。

除了物流体系的完善外，速卖通还于 2015 年 2 月正式推出了海外仓功能。目前，平台可设置 22 个国家的海外仓服务的发货权限，为跨境物流运输提供了更加灵活和便捷的选择。海外仓的设立不仅提升了商品的交付速度，还降低了物流成本和风险，进一步促进了跨境电商的发展。

（2）资金流业务

货款支付是跨境电商交易中至关重要的一环，而速卖通作为一个全球性的电商平台，在货款支付方面采取了多种策略以满足不同国家和地区的支付需求。

首先，速卖通接入了多种支付方式，包括 Bank Transfer（银行转账）、西联汇款以及国外常用的本地支付方式，如 Qiwi、Webmoney、DOKU、Sofort 等。这些支付方式覆盖了全球范围内的主要支付渠道，为消费者提供了便捷的支付选择，保障了货款支付的畅通和安全。

其次，速卖通还推出了国际版支付宝 Escrow，作为其首创的支付方式之一。相较于其他跨境电商平台主要采用 PayPal 的做法，速卖通的国际版支付宝 Escrow 具有独特的优势。这一支付方式通过担保交易的方式，提供了更加安全可靠的支付环境，有助于消费者建立信任感，并增加交易的完成率。同时，国际版支付宝 Escrow 也为商家提供了统一的收款方式，简化了支付渠道的管理流程，提升了支付效率。

（3）信息流业务

为了确保速卖通平台上的商品信息丰富且多样化，该平台覆盖了 30 个一级行业类目，涵盖了 3C、服装、家居等多个领域。这种广泛的覆盖范围能够满足用户不同领域的信息需求，让消费者在平台上能够轻松地找到他们感兴趣的商品信息，并且有助于促进用户的购物体验。

除了行业类目的丰富覆盖外，为了实现多个语种之间的信息传递，速卖通平台还开通了 18 个语种的站点。这意味着用户可以选择使用他们熟悉的语言来浏览和搜索商品信息，无论是英语、西班牙语、法语还是其他语种，都能够在速卖通平台上找到符合自己需求的商品。这种多语种站点的设置不仅拓展了平台的受众范围，也提高了平台的国际化水平，有助于吸引更多来自不同国家和地区的用户。

2. 平台核心资源

为构建平台竞争力，速卖通在自身和外部层面均具备众多核心资源。

（1）支付工具技术

作为速卖通独立的国际化支付系统，Escrow 在完成在线交易中扮演着不可或缺的角色。Escrow 的核心作用在于为买卖双方提供一个安全可靠的支付环境。其工作原理是在交易发生时，买家将支付款项存入 Escrow 账户中，待确认收货后，平台再将款项转移到卖家账户，从而保证交易的安全进行。这种方式有效地解决了跨境交易中存在的信任问题，降低了双方的交易风险。

Escrow 支付工具的另一个重要作用是减少了国际小额贸易的纠纷发生率和撤单率。由于速卖通的交易规模较大，涉及的买家和卖家也分布在全球各地，因此纠纷的发生率和撤单率较高是不可避免的。然而，通过 Escrow 支付系统，买卖双方在交易过程中的资金流动被有效监管，一旦发生纠纷，平台可以通过 Escrow 账户追踪交易资金流向，快速、准确地处理纠纷，提高了交易的顺利进行。

（2）跨境物流网络

速卖通通过与菜鸟等物流网络服务提供商的合作，构建了完善的跨境物流网络。这一网络涵盖了专线物流、无忧物流服务以及海外仓等多种形式，为平台上的商家和消费者提供了高效可靠的物流解决方案。其中，专线物流是速卖通重要的物流服务之一，通过与各大物流公司合作，实现了快速、稳定的跨境物流通道，为跨境电商提供了可靠的物流保障。

除了专线物流，速卖通还推出了无忧物流服务，该服务覆盖了揽收、配送、物流追踪以及售后赔付等环节，为商家提供了一站式的物流解决方案。这种全链路的物流系统使得商家可以更加便捷地管理和追踪货物的运输情况，提升了交易的顺利进行和用户体验。

此外，速卖通还积极发展海外仓业务，通过在全球范围内建立海外仓储设施，实现了商品的本地化存储和快速配送。这一举措不仅提高了商品的交付速度，也降低了运输成本和订单配送的风险，进一步提升了用户的购物体验和满意度。

除了基础的物流服务外，速卖通还不断推出新的业务板块，如"十日达"和"千万补贴计划"等，旨在进一步提升物流的整体质量和服务水平。这些举措不仅增强了速卖通平台的竞争力，也促进了全球跨境电商行业的发展。

（3）供应链资源

供应链资源对于跨境电商平台的发展至关重要，而阿里巴巴集团旗下的1688平台就是一个典型的例子。作为中国领先的采购批发供应商平台，1688充分发挥了中国制造业的生产和供应链优势，将国内众多优质的供应商资源汇聚到一个平台上，为速卖通等跨境电商平台的商家提供了丰富的采购选择和便利的对接渠道。

首先，1688平台通过其庞大的供应商资源网络，为速卖通平台的商家提供了广泛而多样化的产品选择。在1688平台上，涵盖了各种行业和品类的供应商，包括但不限于服装、电子产品、家居用品等。这种丰富的产品供应确保了速卖通平台商家可以轻松找到符合其业务需求的产品，满足不同消费者群体的需求。

其次，1688平台为速卖通平台的商家提供了便捷的上游供应链对接渠道。通过1688平台，速卖通的商家可以直接与国内供应商进行联系和交易，省去了中间环节的时间和成本，加快了采购和生产的速度。这种直接对接的供应链模式不仅提高了交易的效率，还能够有效降低采购成本，提升商家的竞争力。

最后，1688平台还通过各种供应商认证和信用评价体系，确保了供应商的资质和信誉，为速卖通平台的商家提供了可靠的合作伙伴。商家可以通过查看供应商的资质证书、交易记录和客户评价等信息，选择与之合作的供应商，降低了合作风险，保障了交易的安全性和可靠性。

（4）平台商家资源

除了速卖通平台本身的吸引力外，阿里巴巴集团内部的资源也为其吸纳平台商家提供了强大支持。特别是在2016年举办的天猫全球商家大会上，天猫与速卖通联动并结合定向邀约，让1万家天猫企业踏上了全球征途。这一举措将天猫平台的商家资源引入到了速卖通平台，为速卖通的国际化业务发展提供了有力支持。

速卖通还不断吸引来自淘宝平台的中小商家以及阿里巴巴国际站的大型供应

商转型跨境零售业务入驻速卖通平台。淘宝作为中国最大的在线零售平台之一，拥有着庞大的商家资源和丰富的经验，在跨境电商领域也有着一定的积累。这些商家的加入为速卖通平台带来了更多的商品种类和品牌，丰富了平台的产品供应，提高了平台的竞争力。

国际站汇聚了众多海外供应商和买家，他们的加入为速卖通带来了更多的跨境贸易机会和合作资源。这些来自国内外的平台商家资源的不断涌入，使得速卖通平台拥有了海量的商家资源，为平台的活跃度提升和各项业务拓展提供了有力支撑。

3. 平台重要合作

速卖通在平台层面的重要合作主要体现在面向营销端的前向合作及面向供应端的后向合作。

（1）面向营销端的前向合作

主要包括：

① 付费媒体合作

付费媒体合作主要体现在速卖通同 Google、Yahoo 和俄罗斯市场份额最大的搜索引擎公司 Yandex 等的合作上。这些公司在海外具有巨大的用户数量，速卖通通过与上述公司合作，在用户使用搜索引擎的各个环节投放付费广告来吸引海外消费者的点击和购买。

② 赢得媒体合作

最具代表性的是速卖通与俄罗斯最大的社交平台 VKontakte（VK）的合作，双方通过共建购物分享栏目来引导用户将自己在速卖通上的订单或发现的好货在 VK 平台中分享，通过用户自发的内容传播，为速卖通带来了大量新增和活跃用户，也促进了速卖通同俄罗斯年轻用户群体的互动，推动了速卖通发展社交电商合作的步伐。

（2）面向供应端的后向合作

主要包括：

① 商家服务合作

速卖通通过搭建 AE 服务市场，与众多服务商合作，为商家提供包括店铺装修、客服外包、翻译服务、ERP 服务等在内的多项合作通道，便利商家高效经营。例如，速卖通通过和店小秘、超级店长等众多第三方 ERP 跨境授权服务商合作，帮助平台商家打通在铺货和店铺管理上的服务对接。

② 战略合作

战略合作主要围绕跨境技术和用户落地在内的一些合作方案展开。例如，速卖通在 2020 年 5 月与海信签订战略合作协议，共同开拓海外线上零售市场，借力海信在全球的业务优势，助力速卖通业务版图的进一步拓展。目前，海信与速卖通的合作已在俄罗斯、法国和西班牙落地。

（四）跨境电商平台财务状况

1. 平台收入来源

速卖通的收入来源主要由交易佣金、广告费用、年费（保证金）三部分组成，具体如表 4-2 所示。

（1）交易佣金

速卖通会根据商品所属类目的不同，向平台上每笔成功的交易收取交易总额 5% ~ 10% 的佣金。根据阿里巴巴集团发布的 2021 财政年度报告中对跨境及全球零售商业收入数据的估算，速卖通的佣金收入占其总营收比例的 40% 左右。

（2）广告费用

客户在平台上的广告投放和服务购买也是速卖通主要的收入来源。速卖通采用独创的 P4P 直通车模式实现了广告盈利，同时还为商家提供诸如 SEO 优化、数据纵横等增值服务，更有针对性地帮助平台商家优化商品和进行广告投放。广告费用是速卖通仅次于交易佣金的收入来源，占其总营收比例的 20% 左右。

（3）年费

年费是速卖通针对平台商家的一种付费模式，2019 年 11 月速卖通将对商家收取的年费改为保证金前，年费收入长期占速卖通平台收入的 8% 左右。

表 4-2　速卖通主要的收入来源

项目	主要内容	收入大致占比
交易佣金	家具、鞋类、体育与娱乐的佣金率为 5%；服装配饰、办公和学校用品、美容与健康的佣金率为 8%；接发和假发的佣金率为 10%	40%
广告费用	P4P 直通车模式、SEO 优化、数据纵横等	20%
年费	服装服饰类目年费为 10000 元、化纤发类目年费为 30000 元、美发沙龙类目年费为 50000 元（年费自 2019 年 11 月之后暂不收取）	8%

数据来源：阿里巴巴集团 2021 财政年度报告。

2. 平台成本结构

除了前期固定资本的投入外，根据阿里巴巴集团 2021 财政年度报告的分类，速卖通的成本主要由营业成本、产品开发费用、销售和市场费用及一般及行政费用组成，主要的成本结构如表 4-3 所示。

表 4-3　速卖通主要的成本结构

成本主要构成	主要内容	成本大致占比
营业成本	物流成本、运营平台和网站相关的支出	55%
销售和市场费用	广告费用、促销费用	11%
产品开发费用	基础设施开发及维护费用、数据库维护费用等	8%
一般及行政费用	管理及行政人员的薪酬、办公设备费用等	6%

（1）营业成本

营业成本主要包括速卖通设立世界各地的物流服务中心、与各大物流服务商合作等成本，还包括运营平台和网站相关的支出及其他杂项成本。根据阿里巴巴集团 2021 年财报合并利润表中对跨境及全球商业模块成本结构的估算结果，营业成本是速卖通支出项目中最主要的部分，约占 55%。

（2）销售和市场费用

销售和市场费用主要包括线上和线下的广告费用及促销费用等。销售和市场费用占比在 2019—2021 年呈逐年上升态势，当前约占 11%。

（3）产品开发费用

产品开发费用主要包括平台基础设施开发及维护、数据库维护、软件及网络技术开发的费用，近年来占比稳定在 8% 左右。

（4）一般及行政费用

体现为行政管理部门为组织生产经营活动而发生的各项费用，主要包括管理及行政人员的薪酬、办公设备及其他辅助性间接费用等，在成本项目中占比较低，约占 6%。

二、亚马逊跨境电商案例分析

在互联网技术飞速发展的背景下，经济全球化进一步加速，国内各个创业者纷纷加入各种跨境电商平台，开展跨境贸易。案例以某公司为目标，介绍了该公司在亚马逊跨境电商平台上的营销实践。首先，分析了亚马逊跨境电商平台的现存营销问题，然后提出了相应的改进策略，包括优化产品策略、科学定价、创新营销渠道以及加强促销推广。

（一）亚马逊跨境电商平台的营销现状

某企业属于跨境电商公司，专门从事于国际贸易，企业在亚马逊等平台中积极开展电子商务业务，致力于为全球用户提供高质量服务和产品，利用国际平台为全球用户展示各种优质产品，进一步打开中国制造的发展市场。该跨境电商企业在亚马逊等平台的营销现状显示出一些问题。尽管企业致力于为全球用户提供高质量的服务和产品，拥有多种产品线，并在日本、德国以及美国设立了海外仓，但仍然存在着一些挑战。

1. 在产品选品方面

企业缺乏清晰的市场调查和数据分析思路，导致店铺定位不准确。企业倾向于跟随其他品牌的趋势，而缺乏自身的特色，导致店铺缺乏个性化，无法形成稳定的销量增长，进而导致大量库存积压。

2. 在产品定价方面

企业主要依赖长期手动调价，缺乏有效的后台系统程序支持，无法进行自动化调价，导致成效不明显。此外，对亚马逊平台各项规则的掌控理解不足，使得产品在不同市场生命周期阶段的定价不合理，无法形成有效的应对策略，进而影响产品的销量和库存管理。

3. 在营销方面

企业主要依赖平台中的自然流量进行推广，缺乏专业性和系统化的营销推广措施，导致营销推广力度不足，经营效率低下。此外，企业在亚马逊平台中的促销推广活动相对较少，应用不合理，研究不够深入，影响了应用效果。站内广告活动应用不足，导致推广效果不佳。

（二）亚马逊跨境电商平台的营销策略

1. 合理进行产品选品

企业应该进一步理清选品方法和选品思路，对亚马逊店铺、产品实施个性化定位，全面融合目标客户、店铺发展目标以及核心竞争力。借助专业数据分析工具进行数据调研，明确海外市场需求，精准设计营销产品，提高选品目的性和针对性。

（1）产品选品的策略与方法

企业在亚马逊等跨境电商平台开展业务时，有效的产品选品策略是至关重要的。

第一，企业应该理清选品方法和思路，通过全面融合目标客户、店铺发展目标以及核心竞争力来实施个性化定位。这意味着企业需要深入了解目标市场的需求和趋势，以便精准设计营销产品，提高选品的目的性和针对性。

第二，有效的方法是借助专业数据分析工具进行数据调研，明确海外市场需求。通过分析市场趋势、竞争对手情况以及消费者偏好，企业可以更好地了解目标市场的需求，从而选择出更具吸引力和竞争力的产品。比如，通过分析平台中产品的销售量、价格、排名等关键信息，结合相关数据对产品可操作性进行合理评价，有助于企业更好地选择适销对路的产品。

第三，重要的选品途径是利用跨境电商平台积极搜索研究特种热销产品。企业可以通过专业软件进行大数据分析，比如搜索黑头仪相关产品，进一步了解平台中产品的销售情况、用户评价等关键信息，以便选取优质产品。此外，企业也可以增加关注社交媒体中热搜选品渠道，抓住消费者的实际需求。比如，在社交媒体中关注化妆品种类和款式较多的产品，从中获取产品研发灵感，寻找供应商，进行合理运营。

第四，企业还可以通过浏览各种外国网站，收集各类热销产品，并进入目标市场中相关热销排行榜，选择排名靠前的产品进行搜索。亚马逊营销的核心是迎合消费者需求，因此通过社交媒体搜索消费者需求是一种有效的方法。此外，利用各种推广中介进行选品也是一个有效的途径。推广中介通常会帮助企业发布各种新型产品广告、实施测评，为企业提供更多选择，帮助扩大销售表现或即时推广的新品。

（2）产品营销组合与物流优化

除了选择合适的产品外，企业还需要细化产品营销组合，对自有产品进行深耕细作，加强研发优质产品，优化物流时效，提升产品性价比，改善发货方式，以提升整体购物体验。为了实现良好的店铺持续发展，企业应该制定合理的发展指标，并对产品库存进行总结分类，利用亚马逊平台查询相关产品 ASIN，进行对比分析搜索最优 ASIN。

对于已有的自有产品，企业可以通过 FBA 跟卖的方式，实现产品销量的全面盘活。通过对比分析搜索最优 ASIN，企业可以更好地了解市场动态和产品趋势，从而制定更具针对性的销售策略。此外，企业还可以利用亚马逊自然流量和 ASIN 活力，实现产品销售，提高整体销售表现。针对即时火爆产品，企业通常会在卖家账号实施操作，通过 FBM 发货方法，实现快进快出，对国内适量库存进行占用。这种方法可以有效减少资源浪费和积压问题，提高销售效率和资金周转率。

2. 科学进行产品定价

针对企业中的产品，设计自动调焦程序是一个有效的方法，特别是在亚马逊等平台上竞争激烈的情况下。价格是争夺黄金购物车的关键因素之一，因此需要充分利用亚马逊系统后台设置的自动调价程序，合理对产品进行价格设计，提高效率，节约时间。对于这一点，首先需要对产品的价格区间进行科学设置，并在整个价格区间内实现自动调节。这意味着企业可以设置价格上限和最低保底价格，并根据竞争对手价格的波动，灵活调整价格。例如，可以设置规则使产品价格等于或略高于最低价格，或者与黄金购物车中的价格相等。这种灵活的定价策略可以帮助企业适应市场变化，提高竞争力，扩大店铺产品销量。

除了自动调价程序外，还需要在产品营销的各个环节设计差异化定价策略。针对不同阶段的产品生命周期，需要采取不同的定价策略，以实现最佳效果。在产品上新期间，亚马逊会为新产品提供红利期，因此需要合理运用这段时间以来推广新产品。对于新品，可以创建两种 SKU，分别是 FBM 和 FBA，并在 FBA 定价中控制产品毛利率在 30% 到 50% 之间。此外，对于成长发展期内的产品，如果产品表现良好，可以将 FBM 库存设置为 0，全面采用 FBA 运行，稳定产品价格毛利率在 35% 左右，并适当提升产品价格以反映其价值。

当产品进入成熟期时，可以根据产品的表现提高价格，反映其品牌形象和价值。而在产品衰退期内，应该及时控制产品投入，清理剩余库存，通过打折促销等方式实施全面清仓处理，以防止资源浪费和积压问题。

3. 创新营销渠道

市场的不断变化和跨境电商的发展使得企业需要不断改进和调整其营销渠道策略，以保持竞争优势并实现全面优化。企业应加大多渠道推广的力度，增加广告投放和站内推广的专业人才，并设立专门负责网站外部推广的人员，构建健全的推广团队。通过加强亚马逊平台上的五大推广方式，支持站内产品促销，加强网站外部引流，企业可以实现多渠道的客户获取，提高产品的曝光度和销售量。

另外，企业还应该实现多渠道物流配送，包括转换发货方式。传统的 FBM 自发货模式在一定程度上影响了整体工作效率，而 FBA 配送方式具有更高的时效性和客户体验。因此，企业可以积极转换为 FBA 发货方式，以优化客户体验和提高交付速度。但需要注意的是，并不是所有产品都适合 FBA 模式，因此仍需保留 FBM 方式，并根据产品的生命周期和市场需求，合理调控库存和选择发货方式。

4. 优化促销推广政策

亚马逊平台营销中，相关跨境电商应该积极改进优化促销推广策略，全面扩大站内促销，创新促销手段方法，针对企业数个自有品牌在基础品牌平台中做好备案管理，优化各类品牌产品描述页面，逐步扩大 A+ 页面总量，提高品牌档次。针对早期评论人计划，需要每周定期申请，如果成功即刻执行。强化力度，定期申请可参与秒杀活动，如果成功选择恰当时间段，比如美工党的下午 1 点到晚上 9 点之间。扩大优惠券 COUPON 应用力度，合理实施产品间促销活动，进行捆绑销售，比如 A 产品采购附带 C 产品，可以免费获得 F 产品等。加强亚马逊平台中的广告宣传力度，平台广告具有重要作用，企业应该不断扩大广告投放深度和投放广度，提升相关推广人员综合实力，组织其前往专业机构学习培训。广告所形成订单并非一定形成利润，但广告能够带来巨大隐性销量。企业发展中不断增加，针对 30% 产品实施每日广告营销，把广告费用支出维持在 5% 左右 [1]。

（1）强化网站外部推广

企业在网站外部推广方面缺乏认识和运作经验，但这一方式具有良好的引流功能，对于提升网站流量和增加销售具有重要意义。为此，企业应该在内部配置专业人员，全面落实网站外部引流策略，并积极扩展在各种社交平台上的营销活动，以增加网站的曝光度和访问量。

一方面，企业可以在推特、脸书、谷歌、YouTube 以及 Instagram 等活跃社交平台上注册账号，并加大推广力度，将亚马逊店铺的新产品进行外部引流推广。通过在这些平台上积累粉丝群，并与粉丝进行互动，如趣味问答和亲密互动，可以提高粉丝的黏性，促进粉丝经济的持续发展。

另一方面，企业可以增设导购促销网站，利用其摆脱亚马逊平台的限制，提高产品的曝光度和知名度。导购促销网站具有多重优势，包括提升关键词排名、提高客户信任度、优化供应链、扩大产品推荐流量等。针对不同国家市场，可以选择适合的导购促销网站进行推广。

通过利用导购促销平台的庞大流量，企业可以获得更多的广告投放效益，提高产品的曝光度和销售量，从而实现更好的市场覆盖和品牌知名度的提升。这些创新的外部推广策略将有助于企业在竞争激烈的市场环境中取得更好的业绩表现。

（二）适当增加搜索引擎推广

除了社交平台和导购促销网站，企业还应该适当增加搜索引擎推广，利用雅虎、谷歌等国家当地的搜索引擎，以扩大品牌的曝光度和吸引更多潜在客户。为

1　李彤 . 跨境电商的发展研究及运作分析——以亚马逊中国为例 [J]. 中国管理信息化，2021，24（02）：65-66.

了提高搜索引擎推广的投资回报率，企业需要对相关的关键词进行合理的优化，确保其在搜索结果中的排名和曝光度。此外，企业还可以利用各种大型优惠券网站，如 RetailMeNot 等，投放 Banner 广告和文字广告，以吸引更多用户点击。通过在这些优惠券网站上发布优惠券，企业可以有效地提升产品的宣传效果和销售量。

在视频网站推广方面，企业可以选择在主流视频网站上发布相关产品的推广视频，如 Dailymotion、YouTube 等。通过与网红合作进行推广，企业可以利用网红的影响力和粉丝基础，将产品推广到更广泛的受众群体中。此外，企业还可以积极参与各种中等规模的论坛和社区，与论坛主和大 V 形成合作关系，以增加品牌的曝光度和知名度。最后，企业可以利用电子邮件进行营销推广，将产品和优惠信息发送给以往的成交客户，以促进重复购买和增加销售额。

通过适当增加搜索引擎推广和利用各种网络平台，企业可以更好地扩大品牌的影响力和市场份额，提高产品的曝光度和销售量，从而实现更好的商业发展和品牌增值。

第五章　跨境电子商务创新策略

第一节　创新战略在跨境电子商务中的重要性

一、跨境电子商务的战略概述

（一）发展战略基本理论

1.发展战略的概念

发展战略是企业在激烈的竞争环境中制定的长期规划，旨在确保企业长期生存和发展。这一战略涉及战略思想、战略方针、目标和措施等多个方面。

第一，战略思想是指企业对未来发展方向和路径的思考和决策。这包括对市场趋势、竞争格局、技术变革等因素的分析和评估，以及在此基础上对企业发展的战略选择和定位。企业需要审时度势，把握市场机遇，制定符合自身实际情况的战略思路，以确保长期竞争优势。

第二，战略方针是企业在实施战略过程中的行为准则和原则。这些方针通常体现了企业的核心价值观和经营理念，指导着企业在各个领域的具体行动。战略方针的制定需要考虑企业的使命、愿景和价值观，以及对外部环境的适应性和灵活性，从而确保企业的发展符合伦理、法律和社会责任等要求。

第三，战略目标是企业长期发展的具体目标和预期成果。这些目标通常包括市场份额、销售收入、利润率、客户满意度等方面的指标，是企业发展过程中的量化标准和评价指标。企业需要根据自身实际情况和市场需求，制定具体可行的战略目标，并通过不断调整和优化，确保其与企业整体战略的一致性和有效性。

第四，战略措施是企业实现战略目标的具体行动和实施方式。这些措施涉及产品开发、市场选择、资源配置、商品销售和财务管理等方面，旨在帮助企业提高竞争力，实现长期发展目标。企业需要根据自身资源和能力，灵活运用各种策略和手段，不断创新和调整战略措施，以应对不断变化的市场环境和竞争压力，实现持续增长和盈利能力。

2. 发展战略的层次

企业发展战略可以划分为总体层（公司层）战略、业务层战略和职能层战略，这三个层次之间相互联系，构成一个完整的企业战略体系，如图 5-1 所示。

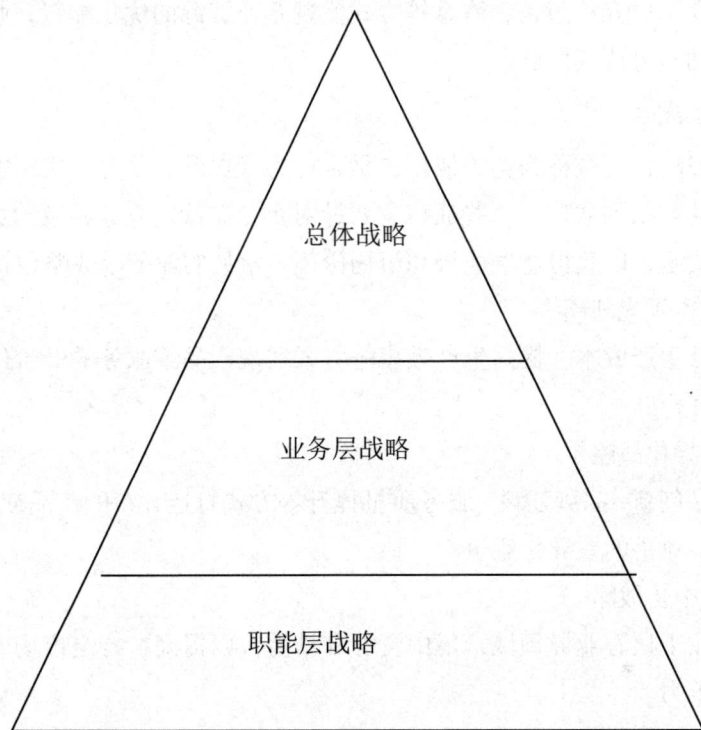

图 5-1 企业发展战略层次

1. 总体层战略（公司层战略）

总体战略，又称为公司层战略，是企业制定的最高层次的战略。它是未来一段时间内整个公司的发展规划，具有最高统领性，指导着公司各业务部门、职能部门的分战略。总体层战略承担着整体规划和资源分配的重任，对企业的发展方向和长远目标起着决定性作用。总体战略通常包含了增长型、维持型和紧缩型三种战略选择，企业可以根据自身情况和市场环境灵活制定相应战略以达到预期目标。

（1）增长型战略

通过密集成长、一体化、多元化、企业并购、战略联盟等方式实现企业的持续发展和壮大。

（2）维持型战略

通过保持现状或暂停发展等方式维持企业的稳定状态，谨慎前进，确保企业长期可持续经营。

（3）紧缩型战略

通过转变、放弃、附庸、清算等方式实现企业资源的优化配置，解决经营困境，实现盈利和可持续发展。

2. 业务层战略

业务层战略，也被称为竞争战略，是企业为了提升竞争力、实现客户价值最大化而采取的一系列战略。这些战略主要针对企业在特定业务领域的竞争和发展进行规划和实施，以获得竞争优势和市场份额。常见的业务层战略包括：

（1）成本领先战略

通过降低生产成本、提高生产效率等方式实现产品或服务的低价优势，从而吸引更多的客户。

（2）差异化战略

通过产品创新、品牌建设、服务质量提升等方式打造独特的产品或服务特点，以实现与竞争对手的差异化竞争。

（3）集中化战略

通过专注于核心业务领域，集中资源和精力，以提高在特定市场或行业的市场地位和竞争力。

3. 职能层战略

职能层战略是在总体战略和业务战略的指导下，由各个职能部门根据自身的管理职能制定的较为详细具体的战略。这些战略旨在保障企业各个职能部门能够按照总体目标和业务需求很好地执行任务和职责，从而实现企业战略的有效实施。职能层战略的制定和执行对于企业的运营和管理至关重要，它主要包括：

（1）市场营销战略

针对市场需求和竞争环境，制定营销策略和推广计划，以提升品牌知名度和市场份额。

（2）生产运营战略

规划生产流程、优化供应链管理，确保产品质量和生产效率，实现生产运营的最佳化。

（3）人力资源战略

招聘、培训、激励和管理员工，构建高效的组织团队，提升员工绩效和满意度。

（二）战略分析工具

利用 PEST 分析工具对公司外部环境进行深入分析，并运用五力模型梳理公司竞争环境，进而运用 SWOT 分析探究公司内部机遇与挑战，最后基于 QSPM 矩阵对可行的战略进行综合评估并选择。

1.PEST 分析

PEST 分析工具旨在对企业外部宏观环境进行全面而深入的探究，以评估这些环境对企业发展战略的战略性影响。该工具从政治（Political）、经济（Economic）、社会（Social）和技术（Technological）等多个方面进行分析，以全面理解和把握企业所处的外部环境，为企业的战略制定和决策提供重要参考。

第一，政治因素的分析有助于企业了解政府政策、法规和法律环境对企业运营的影响。政治稳定与否、政府的税收政策、贸易政策以及对外投资政策等因素都会对企业的战略选择和运营产生深远影响。

第二，经济因素的分析涵盖了宏观经济环境的各个方面，包括国内生产总值（GDP）增长率、通货膨胀率、汇率波动、就业率等。这些因素直接影响着企业的销售收入、成本结构和市场需求，对企业的战略制定和经营决策至关重要。

第三，社会因素的分析考察了社会文化、人口结构、教育水平、消费习惯和价值观等方面的变化。企业需要关注社会趋势和消费者需求的变化，以便调整产品定位、市场营销策略和服务模式，满足不断变化的市场需求。

第四，技术因素的分析关注了科技发展对企业产业结构和竞争格局的影响。随着科技的不断进步和创新，新技术的应用将推动产业升级和转型，企业需要及时跟进并应用新技术，以保持竞争优势。

2. 波特五力模型

20 世纪 80 年代，迈克尔波特提出了五力模型可以有效分析企业的竞争环境，他认为行业内的竞争是五种力量综合水平的博弈，即潜在竞争对手的进入能力、现有竞争对手的竞争能力、替代品的替代能力、购买者的议价能力以及供应商的议价能力，它们共同决定了行业竞争的规模和程度。如图 5-2 所示。

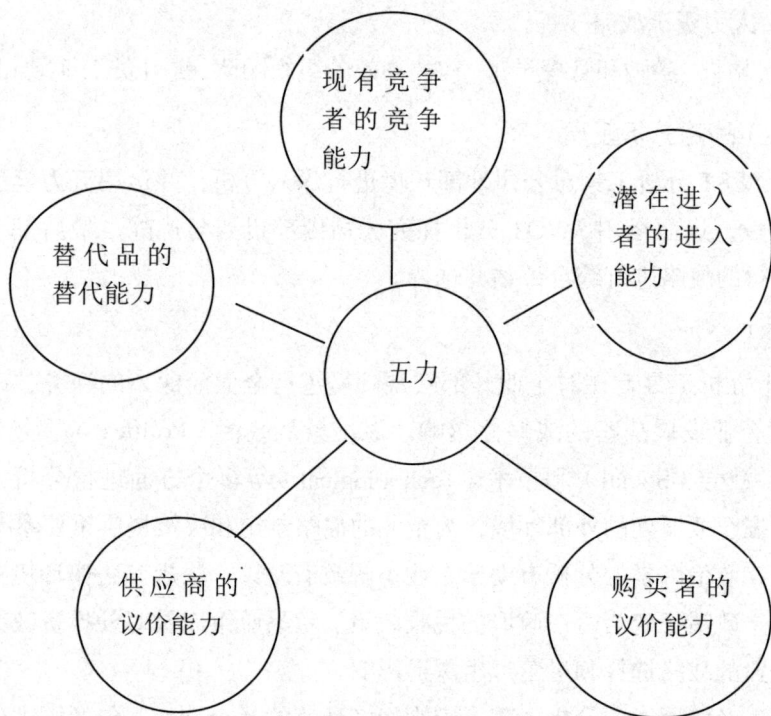

图 5-2　波特五力模型

3. SWOT 矩阵分析

通过 SWOT 矩阵分析，企业可以从内外部竞争环境中确定其优势 S 和劣势 W，以及外部机会 O 和威胁 T，并将这四种因素进行匹配，从而得出 SO、WO、ST 和 WT 四种备选方案。这种分析方法应用灵活、分析系统，表述清晰，在战略的选择上具有很好的应用价值。表 5-1 列出了四种不同的战略类型。

表 5-1　SWOT 矩阵

类别	优势（S）	劣势（W）
机会（O）	SO 战略	WO 战略
	利用机会，把握优势	利用机会，克服劣势
威胁（T）	ST 战略	WT 战略
	利用优势，回避威胁	克服劣势，回避威胁

4. QSPM 矩阵

QSPM 矩阵是一种定量战略计划矩阵，这一模式根据企业的实际情况，以专家小组讨论的形式，对各种战略赋以分值，以此来衡量企业的战略实施效果并最终进行战略选择，帮助公司充分发挥潜力，并尽量防范或抵御外界的挑战[1]。

1　项国鹏，杨卓 . 企业战略决策分析工具的创新：SWOT 与 QSPM 的联合应用 [J]. 企业经济，2013，400（12）：23-27.

二、跨境电子商务中战略创新的必要性

（一）挖掘全球消费者需求

1. 大数据分析的应用

跨境电子商务企业在当今数字化时代通过创新战略充分利用大数据分析技术，已经成为提升竞争力和拓展市场的重要手段。这种创新战略的核心是利用先进的数据分析工具和算法，深入挖掘全球消费者的需求，从而更好地把握市场趋势，提高产品和服务的定制化程度，增强企业的市场竞争力。

通过大数据分析，跨境电商企业能够收集、整理和分析海量消费者数据，这些数据包括消费者的购物行为、搜索记录、社交媒体互动等。通过对这些数据的深入分析，企业可以洞察不同国家和地区的消费者偏好、需求热点和购买习惯。例如，企业可以发现某些地区对特定类型的产品或服务有着更多的需求，或者发现某些消费者群体对特定功能或特色的产品更感兴趣。这些数据分析的结果为企业制定产品设计、定价策略和营销活动提供了重要的参考依据。

基于大数据分析的市场洞察，跨境电商企业可以更精准地定位市场，精心设计符合消费者需求的产品和服务。例如，企业可以根据不同地区的消费者偏好和需求，灵活调整产品规格、功能和包装，以满足消费者的个性化需求。此外，大数据分析还可以帮助企业制定更具针对性的定价策略，根据不同地区和不同消费者群体的支付能力和购买意愿进行灵活定价，从而提高产品的竞争力和市场占有率。

除了产品设计和定价策略，大数据分析还可以为跨境电商企业的营销活动提供重要的支持。通过深入了解消费者的购物行为和偏好，企业可以精准地制定营销策略，选择适合的推广渠道和内容，提高营销活动的效果和回报率。例如，企业可以根据消费者的搜索记录和社交媒体互动情况，精准投放广告和推广信息，提高广告的点击率和转化率。

2. 定制化产品和服务

跨境电商企业通过创新战略致力于提供定制化的产品和服务，以满足不同国家和地区消费者的个性化需求，这是在充分了解全球消费者需求的基础上所采取的关键举措。定制化产品和服务的提供，不仅可以满足消费者的个性化需求，还可以增强企业在市场中的竞争力，提高消费者的满意度和忠诚度。

首先，针对特定市场的消费者需求，跨境电商企业可以灵活调整产品的规格、功能和包装。通过深入了解不同国家和地区的文化、生活习惯和消费习惯，企业

可以根据当地消费者的口味和需求进行产品的定制化设计。例如，针对不同地区的气候条件和食品偏好，企业可以调整服装和食品产品的材质、款式和口味，使产品更符合当地消费者的需求，提高产品的适应性和吸引力。

其次，跨境电商企业可以通过个性化的服务和定制化的购物体验，进一步满足消费者的个性化需求。通过建立健全的客户服务体系和售后服务机制，企业可以为消费者提供个性化的咨询、定制化的建议和个性化的解决方案，从而提高消费者的满意度和购物体验。例如，企业可以为消费者提供在线客服咨询、定制化的商品推荐和个性化的购物指导，帮助消费者更好地选择和购买符合自己需求的产品。

最后，通过不断优化产品和服务，跨境电商企业可以实现持续地创新和改进，进一步提升产品的竞争力和市场影响力。通过持续监测和分析消费者的反馈和需求变化，企业可以及时调整产品设计和服务策略，确保产品和服务始终保持与消费者需求的高度契合。通过不断优化和改进，企业可以提高产品的品质和性能，增强品牌的信誉和口碑，进而提高消费者的忠诚度和购买意愿，实现企业的可持续发展。

3. 市场调研与文化适应

在跨境电子商务中，创新战略的成功执行不仅需要深入的市场调研，还需要企业对不同国家和地区的文化进行适应。市场调研和文化适应是两个相互关联、相辅相成的过程，可以帮助企业更好地理解和适应不同市场的环境和需求，从而实现跨境业务的长期发展。

首先，市场调研是企业制定创新战略的重要前提。通过深入的市场调研，企业可以了解目标市场的市场规模、竞争格局、消费者需求、市场趋势等重要信息，为制定切实可行的创新战略提供依据和支持。市场调研有多种方式，包括定性和定量研究、问卷调查、重点访谈、竞争对手分析等。通过市场调研，企业可以全面了解目标市场的情况，为后续的产品设计、定价策略、营销推广等方面的决策提供参考和支持。

其次，文化适应是跨境电商企业成功开拓海外市场的关键因素之一。不同国家和地区具有不同的文化习俗、消费习惯和价值观念，企业需要根据目标市场的文化特点进行相应的调整和适应。文化适应包括语言沟通、产品定制、营销策略等方面的内容。企业可以通过招聘本地化团队、与当地企业合作、参与当地活动等方式，更好地融入当地市场，赢得消费者的信任和支持。例如，企业可以针对不同国家和地区的节日、习俗和文化特点，推出定制化的营销活动和产品服务，提升产品的市场竞争力和品牌影响力。

（二）优化供应链管理

1. 数字化供应链

跨境电商企业在数字化供应链管理方面可以采取创新战略，以建立全程可视化、智能化和自动化的供应链系统。通过运用先进的技术手段，如物联网、人工智能和大数据分析，企业能够实现对全球供应链的实时监控和管理，从而提高供应链的效率和竞争力。

首先，关键的创新是利用物联网技术，将各个环节的物流节点和设备连接起来，实现数据的实时采集和传输。这样一来，企业可以实时监测物流运输过程中的各项关键指标，如货物位置、运输状态、温度湿度等，确保货物安全、高效地运输到目的地。同时，物联网技术还能帮助企业对仓库存储和货物管理进行优化，实现库存的精准控制和管理，减少库存积压和资金占用。

其次，人工智能技术的应用也可以极大地提升供应链管理的智能化水平。通过建立预测性模型和算法，企业可以对市场需求进行预测和分析，为供应链规划和资源配置提供科学依据。例如，基于历史销售数据和市场趋势，企业可以预测未来需求量，合理安排生产计划和采购计划，避免供过于求或求过于供的情况发生，提高供应链的响应速度和灵活性。

最后，大数据分析技术也是数字化供应链管理的重要工具之一。通过对海量数据的收集、存储和分析，企业可以发现隐藏在数据背后的规律和趋势，为决策提供数据支持。例如，通过分析客户订单数据和交易记录，企业可以了解客户的购买偏好和行为习惯，精准地推出个性化的营销活动和产品定制服务，提高客户满意度和忠诚度。

2. 合作伙伴关系

在跨境电商领域，建立强有力的合作伙伴关系是实施创新战略的重要组成部分。这种战略不仅可以帮助企业拓展全球供应链网络，还能够优化供应链管理、降低成本、提高效率，并有效应对市场变化和风险挑战。

首先，企业可以与全球范围内的优质供应商和生产商建立合作关系。这些合作伙伴通常具有丰富的行业经验和技术实力，能够为企业提供高质量的原材料和产品。通过与这些合作伙伴建立长期稳定的合作关系，企业可以确保物资的稳定供应，降低采购成本，提高生产效率。

其次，企业还可以与物流服务商建立合作关系，共同优化物流运输网络，提高货物的运输效率和服务质量。在全球范围内选择可靠的物流合作伙伴，可以帮助企业实现快速、安全和成本效益的货物运输，缩短交付周期，提升客户满意度。

最后，企业还可以与跨境电商平台、支付机构和市场营销服务商等建立合作关系，共同推动市场营销和品牌推广，拓展销售渠道，提升品牌知名度和市场份额。通过与这些合作伙伴紧密合作，企业可以获得更多的曝光机会，吸引更多的潜在客户，实现销售增长和业务扩张。

3. 智能物流技术的应用

智能物流技术的应用在跨境电商领域具有巨大的潜力，它可以极大地改善物流流程，提升物流效率和服务质量。通过引入一系列先进的技术手段，企业能够实现更高效、更可靠的跨境物流运作，从而满足不断增长的全球化市场需求。

物联网技术在智能物流中发挥着重要作用。通过将传感器和智能设备部署在货物、运输工具和物流设施上，企业可以实时监控物流环节中的各种数据，包括货物位置、温湿度、运输状态等。这使得企业能够及时了解货物的运输情况，及时发现并解决潜在的问题，从而提高物流运作的透明度和可控性。

无人机技术在跨境物流中也有广泛的应用前景。无人机可以实现快速、灵活的货物配送，尤其适用于偏远地区或交通不便的地区。企业可以利用无人机实现最后一公里配送，加快货物送达速度，提高客户满意度。此外，无人机还可以用于物流环境监测、应急救援等任务，为跨境物流提供更多的支持和保障。

自动化仓储技术也是智能物流的重要组成部分。通过自动化仓储系统，企业可以实现货物的自动存储、拣选和包装，大大提高仓储操作的效率和精度。自动化仓储系统还能够减少人力成本、降低错误率，提高仓储空间的利用率，从而为跨境电商企业带来更高的竞争优势。

（三）提升品牌价值和知名度

1. 品牌文化的建设

（1）塑造品牌故事

通过传播企业的创立故事、核心价值观和愿景，跨境电商企业可以打造独特的品牌形象。这些故事可以讲述企业的创始人背景、初心和奋斗历程，让消费者感受到品牌的人性化和真实性，建立起与品牌的情感连接。

（2）传播企业价值观

建立和传播企业的核心价值观是品牌文化建设的重要组成部分。企业可以通过各种渠道传达自己的价值观，如品牌官方网站、社交媒体平台、广告宣传等，让消费者认同和信任品牌，从而提升品牌忠诚度和口碑。

（3）践行社会责任

跨境电商企业积极履行社会责任，关注环境保护、公益慈善等议题，也是品牌文化建设的重要内容。通过参与公益活动、捐款捐物、推动可持续发展等方式，企业向社会传递出正能量，提升品牌的社会形象和公信力。

2. 社交化营销

（1）社交媒体上内容的创作

跨境电商企业可以通过在主流社交媒体平台上发布有趣、有价值的内容，吸引消费者的关注和参与。内容可以包括产品介绍、用户案例、行业资讯等，以及与品牌相关的生活方式、文化和趋势，增强品牌在社交媒体上的曝光度和影响力。

（2）互动和沟通

企业可以通过社交媒体平台与消费者进行互动和沟通，回答他们的问题、解决他们的疑虑，增强消费者对品牌的信任感和认同感。在社交媒体上建立良好的品牌形象和口碑，有助于吸引更多的关注和粉丝，提升品牌的社交化影响力。

3. 跨界合作和创新营销

（1）与知名人士合作

跨境电商企业可以与知名艺人、网红或行业专家进行合作，共同推出联名产品或活动，借助其影响力和号召力吸引更多的关注和消费者参与。这种跨界合作能够有效地扩大品牌的曝光度和知名度，提升品牌的社会价值和影响力。

（2）线上线下联动

企业可以组织线上线下联动的营销活动，如线上直播销售、线下实体店推广等，打破线上线下的界限，吸引更多消费者的参与和购买。通过线上线下联动，企业可以实现渠道互通、资源共享，提升品牌在市场中的竞争力和地位。

第二节　跨境电子商务企业的创新培养与管理

一、创新文化建设

在跨境电子商务企业中，建立鼓励创新思维的文化是推动企业持续发展和竞争优势的关键。通过设立创新奖励机制和开展创新活动，可以有效激发员工的创新热情和积极性，促进企业内部的创新文化的形成和发展。

（一）鼓励创新思维

1. 设立创新奖励机制

（1）奖励标准的设定

企业应该制定清晰明确的奖励标准，明确员工提出的创新想法和建议所能获得的奖励内容和额度。这样可以激励员工更加积极地参与创新活动，增强其投入的动力。

（2）奖励形式的多样化

除了物质奖励外，还可以考虑提供非物质奖励，如荣誉证书、特别表彰等。这种多样化的奖励形式可以更好地满足不同员工的需求，提高奖励的吸引力和影响力。

（3）奖励公平公正

奖励机制应该建立在公平公正的基础上，避免出现任何形式的偏袒和不公平对待。这样可以增强员工对企业的信任和认同感，促进员工的团队凝聚力和创新活力。

2. 开展创新活动

（1）创新大赛的举办

企业可以定期举办创新大赛，面向全体员工征集创新项目和方案。通过比赛评选出优秀的创新项目，对获奖者进行奖励和表彰，激发更多员工的创新热情和积极性。

（2）创意工作坊的组织

定期组织创意工作坊，为员工提供一个自由、开放的交流平台，让他们可以分享自己的创新想法和经验，激发团队的创新创意。企业可以根据工作坊的成果和建议，给予相应的奖励和认可，鼓励员工持续参与创新活动。

（二）打破组织壁垒

1. 建立跨部门协作机制

（1）设立跨部门工作组

企业可以设立跨部门的工作组或项目组，不同部门的代表共同参与，通过协作完成特定的项目或任务。这样可以打破组织内部的沟通壁垒，促进各部门之间的交流和合作，加速创新项目的实施和推进。

（2）跨部门项目管理

引入跨部门项目管理的机制，建立起统一的项目管理流程和标准，统筹规划和协调各个部门的资源和任务，确保项目能够顺利进行并取得预期成果。通过这种方式，可以实现跨部门之间的高效协作，推动企业创新活动的开展。

2. 引入开放式创新平台

（1）在线创新论坛

搭建企业内部的在线创新论坛，为员工提供一个自由、开放的交流平台。员工可以在论坛上分享自己的创新想法、经验和见解，与其他员工进行互动和讨论，促进创新思维和文化的形成。

（2）创新建议箱

设置创新建议箱，为员工提供一个匿名提交创新建议的渠道。员工可以随时将自己的创新想法和建议投放到建议箱中，由相关部门对建议进行评估和跟进。这种开放式的反馈机制可以激发员工的创新热情，促进文化的创新。

二、创新团队建设

（一）多元化团队

招聘多样化人才是构建具有多元化团队的关键一步。企业应该重视招聘来自不同背景、不同专业领域的人才，如技术专家、市场营销人员、设计师等，以确保团队具有广泛的知识和技能，拥有多元化的视角和思维方式。

1. 招聘多样化人才

（1）技术专家

技术专家在团队中扮演着至关重要的角色。他们的专业知识和经验可以为企业的技术创新和产品开发提供支持和指导。招聘技术专家可以确保团队在技术领域的竞争力和创新能力。

（2）市场营销人员

市场营销人员对于企业的市场拓展和品牌推广至关重要。他们的市场洞察力和营销策略能力可以帮助企业更好地了解消费者需求，制定有效的营销策略，提升品牌知名度和市场份额。

（3）设计师

设计师在产品设计和品牌建设方面发挥着关键作用。他们的创意和设计能力可以为企业带来独特的产品和品牌形象，提升产品的吸引力和竞争力。

2. 鼓励跨部门交流

（1）定期组织跨部门交流活动

企业可以定期组织各种形式的跨部门交流活动，如座谈会、研讨会等，让不同部门的员工有机会交流和分享经验，促进团队之间的相互了解和合作。

（2）项目合作

企业可以鼓励不同部门之间开展项目合作，让员工在项目中跨越部门界限，共同解决问题和完成任务。这样可以促进团队成员之间的合作意识和团队精神，推动创新思维和工作效率的提升。

（二）持续学习培训

持续学习培训是企业构建具有创新能力的团队的重要举措之一。以下是两种方法来实施持续学习培训：

1. 提供定制化培训

（1）制订个性化培训计划

企业可以根据员工的专业背景、职业需求和发展方向，制订个性化的培训计划。这些计划可以涵盖创新管理、领导力发展、团队合作等方面的培训课程，以提升员工的综合能力和创新意识。通过定制化培训，可以更好地满足员工的学习需求，激发其学习兴趣和动力。

（2）多样化培训形式

为了让员工更好地吸收知识和技能，企业可以采用多样化的培训形式，如线上课程、实地实训、研讨会等。这样，员工就能通过不同的方式学习和体验，提高培训的效果和成效。

2. 激励学习创新

（1）设立学习奖励机制

企业可以设立学习奖励机制，鼓励员工参与创新培训和课程学习。通过学习积分、证书认证等形式，激励员工持续学习和提升自身创新能力。这种奖励机制可以激发员工的学习兴趣和动力，促进其个人和团队的发展。

（2）提供职业发展机会

除了学习奖励外，企业还可以提供职业发展机会，如晋升、岗位轮岗、项目参与等。这样可以让员工看到学习的价值和意义，增强其学习的积极性和主动性。

第三节　具体案例分析不同创新策略的成功实践

一、成功案例之一：××品牌

××品牌是一家来自中国的跨境电商企业，专注于销售高品质的家居用品。他们通过精心打造的品牌形象和严格的产品质量控制，成功吸引了国内外消费者的关注。在国际市场上，他们利用社交媒体和网络广告等渠道，积极推广品牌形象和产品，对接全球消费者的需求。

（一）案例背景

××品牌是一家中国的跨境电商企业，专注于销售高品质的家居用品。成立于××年，××品牌以其精心打造的品牌形象和严格的产品质量控制而闻名于业界。其产品覆盖范围广泛，包括家具、家居装饰、厨房用具等多个品类，深受消费者的喜爱和信赖。

作为一家跨境电商企业，××品牌迅速抓住了全球电商市场的机遇，并通过不断创新和改进，实现了在国际市场上的快速扩张。通过与国内外的供应商建立长期稳定的合作关系，××品牌不断优化产品结构和供应链体系，确保产品的高品质和竞争力。

在国际市场上，××品牌利用社交媒体和网络广告等渠道积极推广品牌形象和产品，成功吸引了大量国内外消费者的关注和购买。他们注重品牌建设、产品质量的控制和市场推广，不断提升自身的竞争力和市场地位，成为行业内的佼佼者。

（二）案例实践

品牌建设是××平台成功的关键之一。他们注重打造独特的品牌形象，通过一系列精心设计的logo、广告语和品牌故事，树立了在行业中的地位和影响力。这些努力不仅提升了品牌的认知度，还增强了消费者的信任感和忠诚度。通过品牌建设，××平台成功地塑造了一个高端、时尚、可信赖的形象，吸引了大量消费者的青睐。

产品质量控制是××平台取得成功的另一个关键因素。他们严格把关产品质量，注重每一个环节的品质控制，以确保产品符合国际标准和消费者的期望。××平台与供应商建立了密切的合作关系，对原材料的采购、生产过程的监控以及成品的质检都实行严格的标准和流程。这种对产品质量的高标准要求使得××品牌在市场上拥有了良好的口碑和信誉，成为消费者心中的首选品牌。

市场推广是××平台成功的另一项关键策略。他们善用社交媒体平台如Facebook、Instagram等，通过精准的定位和精彩的内容吸引消费者的关注。制定了灵活多样的营销策略，根据不同的市场和消费群体制定相应的推广方案。同时，××平台还投入大量资源在网络广告上，通过精准地投放和创意的设计吸引更多的用户点击和转化。这种多渠道、多形式的市场推广策略为××平台在国际市场上的快速崛起提供了有力支撑。这些实践表明，品牌建设、产品质量控制和市场推广是××平台成功的关键要素，为其在跨境电商领域取得了显著成就。

（三）案例启示

××品牌的成功实践为其他跨境电商企业提供了许多有益的启示。

1. 重视品牌建设

建立独特的品牌形象是企业在激烈竞争中脱颖而出的关键。通过精心打造品牌形象，可以提升品牌的认知度和美誉度，吸引更多消费者的关注和认可。

2. 注重产品质量

产品质量是企业生存和发展的基础。××品牌通过严格把控产品质量，赢得了消费者的信任和忠诚度，为企业的持续发展奠定了坚实基础。

3. 多元化的市场推广策略

市场推广是企业扩大影响力、吸引客户的重要手段。××品牌的多渠道、多形式的市场推广策略为其在国际市场上的成功发挥了至关重要的作用。其他企业可以借鉴其灵活多样的推广方式，根据不同市场的特点和目标客户的需求制订相应的推广计划，提高品牌的曝光度和知名度。

4. 建立长期合作关系

××品牌与供应商建立了长期稳定的合作关系，这为其提供了优质的原材料和可靠的生产保障。在跨境电商领域，与供应商、物流服务商等合作伙伴建立良好的合作关系至关重要，可以确保供应链的稳定性和产品的质量，提升企业的竞争力。

5. 不断创新和改进

成功永远不是终点，而是一个持续的过程。××品牌不断进行创新和改进，以适应市场的变化和消费者的需求。其他企业也应该保持创新意识，不断调整和优化产品、服务和市场策略，保持竞争优势。

总之，××品牌的成功实践为跨境电商企业提供了宝贵的经验和启示。通过重视品牌建设、注重产品质量、多元化的市场推广策略、建立长期合作关系以及不断创新和改进，企业可以在激烈的市场竞争中脱颖而出，实现稳健的发展和持续的增长。

二、成功案例之二：××平台

××平台是一个全球化的跨境电商平台，汇集了来自世界各地的优质卖家和海量商品。他们通过多样化的产品选择、安全可靠的支付和物流系统，赢得了广大消费者的信任和喜爱。同时，他们积极开展市场调研和数据分析，不断优化用户体验，提供更好的购物环境。

（一）案例背景

××平台作为一家总部位于中国的全球化跨境电商平台，其使命是连接全球买家和卖家，为消费者提供丰富多样的商品和优质的购物体验。在全球范围内，××平台致力于消除地理和文化障碍，使用户可以轻松地进行跨境购物，享受便捷的购物体验。平台的核心目标之一是为消费者提供便利、安全、可靠的购物平台，通过建立高效的供应链网络和强大的物流系统，确保商品能够及时配送和安全送达。

作为一个全球性平台，××平台汇集了来自世界各地的优质卖家和海量商品。这意味着消费者可以在平台上购买来自不同国家和地区的各种产品，从服装、鞋帽到家居用品、数码产品等。这种丰富的商品选择为消费者提供了更多的购物选择，满足了他们多样化的需求。

为了实现顺畅的跨境购物体验，××平台建立了强大的供应链网络和物流系统。他们与全球各地的供应商和物流公司合作，确保商品的及时配送和安全送达。无论是国际的物流运输还是海关通关，××平台都投入了大量资源和精力，以确保订单的顺利完成。

除了物流系统外，××平台还不断优化用户界面和购物流程，提升用户体验。他们通过改进网站和移动应用的功能，简化购物流程，增强用户交互性和易用性。

通过这些改进，用户可以更轻松地浏览商品、选择购买、支付订单，并享受快捷的售后服务。

（二）案例实践

1.汇集海量商品

××平台通过吸引全球优质卖家入驻，打造了一个丰富多样的商品库。从家居用品到服装鞋帽，从数码产品到美妆护肤，用户可以在平台上找到几乎所有品类的商品，满足了不同消费者的多样化需求。

平台采取了灵活多样的合作方式，与各地的供应商建立了长期稳定的合作关系，确保商品的质量和供应的稳定性。这种多元化的商品选择为消费者提供了更多的选择空间，提升了用户黏性和购物体验。

2.建立安全可靠的支付和物流系统

为了保障交易的安全和可靠性，××平台与国际知名的支付平台合作，采用先进的加密技术保障用户的交易安全。用户可以选择多种支付方式，包括信用卡、支付宝、微信支付等，满足不同用户的支付习惯和需求。

在物流方面，平台与国际物流巨头合作，建立了高效可靠的物流系统。用户可以享受到快速的配送服务，无论是国际快递还是航空运输，都能确保商品及时送达用户手中。

3.借助市场调研和数据分析

××平台注重市场调研和数据分析，了解用户的需求和行为，从而不断优化平台的功能和服务。通过收集用户反馈和行为数据，平台可以及时发现问题和改进方案，提升用户的购物体验和满意度。

根据数据分析的结果，平台还可以进行个性化推荐和精准营销，为用户提供更加个性化的购物体验，提高用户的购买转化率和复购率。

（三）案例启示

1.重视用户体验

重视用户体验是跨境电商平台成功的关键因素之一，而××平台的成功实践充分证明了这一点。作为一家全球化的跨境电商平台，××平台深知用户体验的重要性，因此在多个方面进行了有针对性地改进和优化。

首先，××平台提供了丰富多样的商品选择，满足了消费者多样化的需求。通过汇集来自世界各地的优质卖家和海量商品，××平台为消费者提供了极为丰富的购物选择，无论是服装、鞋帽、家居用品还是数码产品，用户都可以在平台上找到所需的商品。这种丰富的商品选择使得用户可以尽情探索和挑选，增强了他们的购物体验和满意度。

其次，××平台建立了安全可靠的支付和物流系统，保障了用户的交易安全和商品配送的及时性。在支付方面，平台与全球知名的支付机构合作，采用了先进的加密技术，保障用户的支付信息安全。同时，××平台与国际物流公司合作，建立了快速可靠的物流网络，确保商品能够安全送达用户手中。这种安全可靠的支付和物流系统为用户提供了安心的购物环境，增强了他们对平台的信任感。

最后，××平台不断优化用户体验，提升平台的易用性和用户满意度。通过改进网站和移动应用的功能和界面设计，简化购物流程，增强用户交互性和体验感。平台还注重用户反馈和需求，及时调整和改进服务，以满足用户的不断变化的需求和期待。这种持续不断的优化和改进为用户提供了更加流畅和愉悦的购物体验，提升了用户的忠诚度和满意度。

2. 数据驱动决策

数据驱动决策在当今商业环境中具有重要意义，尤其在跨境电商领域。市场调研和数据分析是实现数据驱动决策的重要手段之一，它们为企业提供了深入了解用户需求和行为的途径，从而指导企业进行精准的决策和优化。

首先，市场调研能够帮助企业全面了解市场环境和竞争对手情况，把握市场趋势和用户需求。通过市场调研，企业可以收集各种有关市场、行业、产品和消费者的信息，包括市场规模、竞争格局、产品特点、消费者偏好等，为企业制定战略和策略提供重要参考。例如，企业可以通过市场调研了解到哪些产品领域存在需求缺口，以及消费者对于产品功能、价格、品质等方面的偏好，从而有针对性地开发新产品或优化现有产品。

其次，数据分析是深入了解用户行为和反馈的有效手段，可以帮助企业精准洞察用户需求和行为模式。通过对用户的浏览、点击、购买等行为数据进行分析，企业可以了解用户的兴趣爱好、购买习惯、消费能力等信息，为企业提供更加全面和准确的用户画像。例如，企业可以通过数据分析了解到哪些商品类别受到用户青睐，以及用户在购物过程中的流失点和瓶颈，从而进行相应的运营和推广优化，提升用户的购物体验和满意度。

通过综合利用市场调研和数据分析的结果，企业可以实现数据驱动决策，即在制定战略、规划营销活动、优化产品和服务等方面，充分依据市场和用户数据进行决策和调整。这样的决策更加客观、科学、精准，能够有效降低经营风险，提高企业的竞争力和市场占有率。

3. 建立良好的合作关系

建立良好的合作关系是跨境电商平台成功运营的重要保障之一。这种合作关系不仅可以为平台提供可靠的供应和服务保障，还能够提升平台的整体运营效率和服务水平，从而增强平台在市场中的竞争力和影响力。

第一，与优质的供应商建立长期稳定的合作关系对于平台来说至关重要。优质的供应商能够提供高品质、多样化的商品，满足消费者的需求，并确保供应的稳定性和可靠性。建立长期合作关系可以帮助平台获得更优惠的采购价格和更灵活的供货方式，降低采购成本和风险，提升盈利能力。此外，与供应商建立紧密的合作关系还有利于信息共享和产品创新，双方可以共同探讨市场趋势和需求，合作开发符合市场需求的新品类和新产品，实现双赢局面。

第二，与支付平台建立合作关系可以为平台提供安全可靠的支付服务，提升用户的支付体验和信任度。优质的支付平台具有先进的支付技术和安全防护机制，能够保障用户的支付安全和资金交易的顺畅。建立长期稳定的合作关系可以为平台提供更稳定的支付服务和更优惠的手续费率，降低支付成本并提高交易效率。此外，与支付平台合作还可以拓展支付方式和服务范围，满足用户的多样化支付需求，提升用户的支付体验和满意度。

第三，与物流公司建立合作关系对于平台的物流运营至关重要。优质的物流公司能够提供快速可靠的物流服务，保障商品的及时配送和安全送达，提升用户的购物体验和满意度。建立长期稳定的合作关系可以为平台提供更优质、更灵活的物流服务，降低物流成本和配送风险，提高物流效率和服务质量。此外，与物流公司建立合作关系还可以实现物流信息的实时跟踪和管理，提升物流运营的透明度和可控性，为平台的供应链管理和客户服务提供更强大的支持。

三、成功案例之三：××企业

××企业是一家以创新技术为核心竞争力的跨境电商企业，致力于推动科技与商业的融合。他们不断研发、引进和应用新技术，提升企业的运营效率和服务水平。通过与全球合作伙伴的联手，他们成功打破国界的限制，拓展海外市场。

（一）案例背景

××企业作为一家以创新技术为核心竞争力的跨境电商企业，总部设在中国，旨在推动科技与商业的融合，为消费者提供更优质的产品和服务。通过不断研发、引进和应用新技术，××企业在行业内拥有了显著的竞争优势。通过与全球合作伙伴的密切合作，××企业成功打破了国界的限制，将业务拓展到海外市场，树立了良好的品牌形象，赢得了广大用户的信赖和好评。

第一，××企业以创新技术为驱动力，不断进行技术研发和创新。作为跨境电商企业，××企业深知技术创新对企业发展的重要性。因此，他们不断投入资金和人力资源，积极开展新技术的研究和应用，以满足市场的需求和提升用户体验。例如，他们引进了先进的大数据分析技术，通过对用户行为和偏好的深入分析，精准把握市场趋势，优化产品和服务策略。同时，他们还探索人工智能、物联网等前沿技术的应用，不断提升企业的运营效率和服务水平，为用户提供更便捷、更智能的购物体验。

第二，××企业注重与全球合作伙伴的紧密合作，实现共赢发展。作为一家跨境电商企业，××企业充分认识到全球化合作的重要性。他们与国内外的供应商、物流公司、支付平台等建立了长期稳定的合作关系，共同开拓市场，实现资源共享和互利共赢。通过与合作伙伴的紧密合作，××企业能够获取全球优质资源，拓展海外市场，提升品牌影响力和市场竞争力。例如，他们与国外的物流公司合作，实现了快速可靠的物流配送，为海外用户提供了优质的购物体验，赢得了用户的信赖和好评。

第三，××企业还注重品牌建设和用户体验的提升。作为一家以创新技术为核心竞争力的企业，他们深知品牌形象和用户体验对企业的重要性。因此，他们不断加大对品牌建设和用户体验的投入，通过精心设计的品牌形象和优质的服务，提升用户对企业的认知度和好感度。例如，他们通过社交媒体平台、网络广告等渠道积极推广品牌形象和产品，加强与用户的沟通和互动，树立了良好的企业形象和口碑。同时，他们还不断优化用户界面和购物流程，提升用户的购物体验和满意度，促进用户的复购和口碑传播。

（二）案例实践

1. 创新技术作为核心竞争力

在××企业的实践中，创新技术被视为企业的核心竞争力之一。这家企业不仅持续投入研发和创新，如此来提升产品和服务的质量，还积极关注新兴技术的发展趋势，并将这些前沿技术应用于企业的各个环节。

首先，人工智能技术在××企业的运用方面具有重要意义。通过人工智能技术，该企业优化了产品推荐算法，使用户能够更快速、更准确地找到符合其需求的商品。基于用户的历史购买记录、浏览行为和兴趣偏好，企业利用人工智能算法进行个性化推荐，为用户提供个性化的购物体验，从而提升了用户的购物满意度和忠诚度。

其次，大数据分析技术在企业的供应链管理中发挥着重要作用。通过大数据分析，企业能够更好地理解市场需求、预测产品销售趋势，优化库存管理和供应链配置，提高了运营效率和成本控制水平。基于大数据分析的结果，企业可以及时调整产品的生产和采购计划，准确把握市场动态，更好地满足消费者的需求，提高市场竞争力。

最后，区块链技术的应用也为企业提供了更安全、更可信赖的购物环境。在跨境电商领域，交易的安全性和透明性是消费者非常关注的问题。通过区块链技术，企业可以实现交易信息的去中心化存储和加密传输，确保交易数据的安全性和不可篡改性，提高了交易的透明度和信任度，为消费者提供了更可靠的购物体验。

2. 全球合作伙伴合作

为了拓展海外市场，××企业积极与全球各地的合作伙伴展开合作。他们与国外的供应商、代理商、物流公司等建立了长期稳定的合作关系，共同推广品牌和产品。通过与当地合作伙伴的紧密合作，××企业能够更好地了解当地市场的特点和需求，从而提供更符合当地消费者口味的产品和服务。这种合作关系不仅可以帮助企业更深入地了解目标市场，还能够有效地调整产品定位和营销策略，从而提高市场竞争力。

例如，与当地代理商的合作能够为企业提供更多的市场情报和消费者反馈。通过与代理商的合作，企业可以更深入地了解目标市场的消费习惯、文化背景和竞争格局，及时调整产品定位和推广策略，更好地满足当地消费者的需求，提高产品的市场占有率。与此同时，代理商也可以为企业提供当地的销售渠道和销售网络，加速产品在当地市场的推广和销售。

另外，与国外物流公司的合作也是××企业拓展海外市场的重要手段之一。通过与物流公司的合作，企业可以确保商品能够快速、安全地送达目的地，提升用户的购物体验，增强用户的信任感和忠诚度。物流公司通常拥有丰富的国际物流经验和资源，可以为企业提供全球范围内的物流服务，包括货物运输、清关、仓储等环节，帮助企业解决跨境物流难题，降低物流成本，提高物流效率。

3. 持续研发和应用新技术

××企业以持续的技术创新和研发投入为基石，旨在保持竞争优势并不断提升市场地位。为此，他们成立了专门的研发团队，并与国内外的科研机构、高校等合作，共同开展前沿技术的研究和应用。这种紧密的合作关系使得企业能够充分利用全球范围内的科研资源和人才，获得最新的科研成果，并将其应用于实践中。

一方面，××企业通过不断探索新兴技术的应用，不断提升产品的创新性和竞争力。举例来说，他们积极探索虚拟现实（VR）技术在产品展示和体验中的应用。通过虚拟现实技术，用户可以在虚拟环境中与产品进行互动，实现更加直观、身临其境的购物体验。这种技术的应用不仅增强了用户的购物体验，还提升了品牌的吸引力和影响力，为企业带来了更多的商机和竞争优势。

另一方面，与高校的合作也为××企业的创新发展提供了强大支撑。通过与高校的合作，企业可以获取到最新的科研成果和技术进展，并吸引优秀的科研人才加入研发团队，共同推动企业的技术创新和产品升级。这种合作不仅为企业提供了技术上的支持，还促进了产学研相结合，加速了科技成果的转化和应用，实现了双赢的局面。

（三）案例启示

1. 技术创新是核心竞争力

××企业的成功实践充分证明，技术创新是企业在竞争激烈的市场环境中获取持续竞争优势的关键。随着科技的不断发展，新兴技术的涌现给企业带来了前所未有的机遇和挑战。因此，企业应该紧密关注新兴技术的发展趋势，及时投入研发和创新，将新技术应用于企业的各个方面。例如，人工智能、大数据、区块链等技术的应用可以帮助企业优化产品设计、改进供应链管理、提升营销推广效率等，从而提高企业的运营效率和服务水平，赢得市场竞争中的优势地位。

2. 全球合作助力海外拓展

与全球合作伙伴的紧密合作是企业拓展海外市场的重要策略之一。在全球化的背景下，通过与国外的供应商、代理商、物流公司等建立长期稳定的合作关系，企业能够更好地了解海外市场的需求和特点，更加精准地把握市场机遇，为企业的海外拓展提供了有力支持。同时，与当地合作伙伴的合作也能够降低企业的市场进入成本和经营风险，提高市场开拓的成功率，实现海外市场的持续发展和增长。

3. 持续创新促进发展

持续的技术创新是企业保持竞争优势和持续发展的重要保障。在不断变化的市场环境中，企业需要不断地更新产品和服务，以满足消费者不断升级的需求和期待。因此，企业应该建立良好的研发体系，与国内外科研机构、高校等保持合作，共同开展前沿技术的研究和应用。通过持续不断地研发新技术并应用于实践，企业可以不断提升自身的竞争力和市场地位，实现持续发展和进步。

第六章　跨境支付与金融创新

第一节　跨境支付方式及其发展趋势

一、跨境支付方式介绍

跨境支付是指在不同国家或地区之间进行的货币支付活动，通常涉及不同货币之间的兑换和跨国支付结算。目前，主要的跨境支付方式包括国际银行转账、信用卡支付、电子支付和第三方支付等。

（一）国际银行转账

国际银行转账是一种传统的跨境支付方式，其工作原理涉及银行间的国际结算网络。用户首先需要提供收款人的银行账号和国际银行识别码（IBAN），然后向其所在银行发起汇款请求。随后，发起银行会通过国际结算网络将资金转移至收款人所在银行，最终完成汇款和结算流程。

国际银行转账具有一定的优点和缺点。

1. 国际银行转账的优点

其优点主要包括：

（1）安全性高

国际银行转账采用银行间的加密和安全协议，交易过程中信息传输受到保护，这降低了盗窃和欺诈风险。

（2）可靠性强

作为传统的支付方式，国际银行转账经过长期实践验证，具有较高的可靠性，适用于大额交易和重要支付场景。

2. 国际银行转账的缺点

然而，国际银行转账也存在一些缺点：

（1）手续费高

由于涉及多个银行和国际结算网络，国际银行转账通常会收取较高的手续费，增加了交易成本。

（2）到账时间慢

国际银行转账的到账时间较长，通常需要数个工作日才能完成，不适用于即时支付的需求。

（二）信用卡支付

信用卡支付是一种方便快捷的跨境支付方式，其工作原理涉及用户在境外商户处刷卡或输入卡号进行支付。随后，支付机构会将交易信息发送至发卡银行进行授权，最终完成支付流程。

1. 信用卡支付的优点

信用卡支付具有以下优点：

（1）即时到账

信用卡支付具有即时到账的特点，可以满足用户对快速支付的需求，适用于紧急购物和旅行消费。

（2）方便快捷

用户只需携带一张信用卡即可完成跨境支付，避免了携带大量现金和外币的麻烦。

2. 信用卡支付的缺点

然而，信用卡支付也存在一些缺点：

（1）高额交易费用

信用卡支付通常会收取较高的跨境交易费用和汇兑费用，增加了用户的支付成本。

（2）安全风险

由于信用卡信息的传输和存储存在一定的安全风险，用户可能面临信用卡盗刷、信息泄露等问题。

（三）电子支付和第三方支付

电子支付和第三方支付是近年来兴起的跨境支付方式，主要包括 PayPal、支付宝、微信支付等平台。用户可以在这些平台上注册账户，绑定银行卡或信用卡来进行支付。随后，用户可以通过这些平台完成跨境支付，享受便捷、低成本和高效的支付体验。

1.电子支付和第三方支付的优点

电子支付和第三方支付具有以下优点：

（1）便捷性

用户只需注册账户并绑定支付方式，即可通过电子支付和第三方支付平台进行跨境支付，无须传统银行转账或信用卡刷卡等烦琐步骤。

（2）低成本

与传统的国际银行转账和信用卡支付相比，电子支付和第三方支付通常具有较低的交易手续费和汇率费用，节省了用户的支付成本。

（3）高效性

电子支付和第三方支付平台通常能够实现即时到账，用户完成支付后，资金可以立即到达收款人账户，提高了支付效率。

2.电子支付和第三方支付的缺点

然而，电子支付和第三方支付也存在一些缺点：

（1）安全性问题

虽然电子支付和第三方支付平台通常采取了多种安全措施保护用户支付信息，但仍然存在被黑客攻击、账户被盗等安全风险。

（2）依赖网络连接

电子支付和第三方支付依赖互联网连接，如果网络不稳定或出现故障，可能会影响用户的支付体验和交易流程。

二、跨境支付发展趋势分析

随着全球经济一体化的深入和跨境电商的蓬勃发展，跨境支付也呈现出一些新的发展趋势。

（一）移动支付和电子钱包的兴起

1.移动支付的发展

（1）移动支付的背景与趋势

移动支付作为一种便捷、快速的支付方式，近年来在全球范围内迅速发展并逐渐成为跨境支付的主流趋势。

随着智能手机的普及率不断提高，以及移动互联网技术的迅猛发展，人们对于移动支付的需求日益增长。智能手机的便携性和操作便捷性使得用户可以随时随地进行支付，而无须依赖于传统的银行网点或实体支付终端。

相较于传统的支付方式，移动支付具有即时转账和结算的特点。用户只需通过手机应用轻轻一触，即可完成支付过程，无须等待烦琐的银行转账或信用卡刷卡流程，极大地提升了支付的便捷性和效率。

移动支付的普及不仅提升了消费者的支付体验，也极大地促进了跨境贸易和跨境电商的发展。通过移动支付，消费者可以方便地进行海外购物或支付跨境服务费用，促进了全球经济的融合和发展。

（2）移动支付的优势与发展动向

移动支付的优势和发展动向进一步推动了其在跨境支付领域的应用和普及。

移动支付平台不断加强支付安全性的同时，也注重提升用户体验和支付便利性。采用先进的加密技术和安全协议，保护用户的资金安全和个人隐私，同时推出各种便民服务和增值功能，如账单管理、积分兑换等，提升了用户的满意度和忠诚度。

移动支付平台不断创新，推出各种智能化服务和功能，如智能客服、智能推荐等，根据用户的需求和偏好提供个性化的支付建议和服务，提升了用户体验和支付效率。

随着移动支付技术的不断进步和完善，越来越多的用户开始使用移动支付进行跨境支付。移动支付平台也积极拓展国际化业务，推出支持跨境支付的功能和服务，以满足用户在全球范围内的支付需求，推动了全球支付体系的融合和发展。

2. 电子钱包的发展

（1）电子钱包的定义与特点

随着电子钱包技术的不断成熟和普及，这种存储在手机或其他电子设备中的虚拟钱包已经成为现代支付领域的重要组成部分。

① 便捷而高效的支付方式

电子钱包为用户提供了一种便捷而高效的支付方式，使得他们无须携带实体钱包或信用卡，就能在各种消费场景下进行支付。用户可以轻松地存储资金，并在需要时使用这些资金进行支付，加快了支付速度，提升了用户体验。

② 跨境支付的推动者

特别是在跨境支付领域，电子钱包的发展更是推动了支付方式的革新。用户可以利用电子钱包进行跨境支付，无须担心汇率问题或转账时间，实现即时的资金转移，加速了跨境贸易的进行，促进了全球经济的发展。

③ 安全性和便利性并重

电子钱包技术不断加强安全性，采用先进的加密技术和安全协议，保护用户的资金安全和个人隐私。同时提供了诸多便民功能和增值服务，如账单管理、优惠券使用等，提升了用户体验和满意度。

（2）电子钱包的应用与发展趋势

电子钱包的应用与发展趋势进一步推动了其在跨境支付领域的普及和应用。

① 国际化业务拓展

电子钱包平台不断拓展国际化业务，推出支持跨境支付的功能和服务，满足用户在全球范围内的支付需求，推动了全球支付体系的融合和发展。

② 智能化服务与个性化推荐

电子钱包平台不断提升服务智能化水平，推出智能客服、个性化推荐等功能，根据用户的需求和偏好提供个性化的支付建议和服务，提升了用户体验和支付效率。

③ 安全技术的持续改进

电子钱包平台持续改进安全技术，加强用户资金和个人信息的保护。采用先进的生物识别技术、多重身份验证等手段，确保用户在进行跨境支付时的安全性。

④ 合作与创新

电子钱包平台与各种支付机构、金融机构以及跨境支付服务提供商进行合作，共同推动跨境支付的创新和发展。通过合作，整合各方资源，提升服务水平，拓展跨境支付的应用场景和业务领域。

⑤ 政策支持与监管规范

政府部门和监管机构对电子钱包行业进行规范和监管，制定相关政策和法规，保障用户权益，维护市场秩序。同时，政府还积极支持电子钱包行业的发展，促进其健康、稳定地发展。

（二）区块链技术的应用

区块链技术作为一种去中心化的分布式账本技术，具有安全、透明、不可篡改等特点，为跨境支付带来了革命性的变革。通过区块链技术，可以实现跨境支付的实时结算和低成本转账，从而提高支付的效率和安全性。

1. 实时结算

跨境支付通常涉及多个中介和结算机构，这导致了支付时间和成本的增加。区块链技术通过去中心化的方式，消除了传统支付中的中间银行和结算机构，实现了跨境支付的实时结算。

（1）去中心化特性

区块链是一种去中心化的分布式账本技术，其数据存储在网络中的多个节点上，而不是集中存储在单一机构或服务器上。这种去中心化的特性消除了传统支付中的中介环节，使得跨境支付可以直接由参与者之间进行，从而实现了实时结算的可能性。

（2）智能合约的应用

智能合约是一种基于区块链的自动化合约，其中的代码可以自动执行合约条款。通过智能合约，跨境支付的结算过程可以自动化和自动执行，避免了人为干预和人工处理所带来的延迟和错误，从而实现了实时结算的目标。

（3）降低成本和时间成本

传统跨境支付往往需要通过多个银行和结算机构才能完成，每个机构都会收取一定的手续费，并且支付过程中涉及的交易时间也较长。而区块链技术消除了中间银行和结算机构，减少了相关手续费用，并且由于其实时结算的特性，也减少了支付所需的时间成本，从而降低了整体的支付成本和时间成本。

2. 透明度和安全性

跨境支付涉及的交易往往具有较高的价值，因此安全性和透明度是至关重要的。区块链技术通过其特有的特性，为跨境支付提供了更高的安全性和透明度。

（1）不可篡改的交易记录

区块链上的每一笔交易都会被记录在一个称为区块的数据结构中，并通过密码学哈希函数链接成一个不可篡改的链条。这意味着一旦交易被确认和记录在区块链上，就不可能被篡改或删除，从而保证了交易记录的完整性和可信度。

（2）分布式共识机制

区块链网络中的交易确认和验证是通过分布式共识机制完成的，这意味着所有参与者都需要达成共识才能确认一笔交易。这种机制保证了交易的安全性，防止了双重支付和其他欺诈行为的发生。

（3）实时监控和审计

由于区块链上的交易记录是公开可见的，任何人都可以随时查看和监控交易的发生情况。这为监管机构和审计人员提供了更好的可追溯性和透明度，有助于加强对跨境支付的监管和审计。

（三）人工智能技术的应用

人工智能技术可以为跨境支付提供智能化的服务和风险管理，包括：

1. 风险识别和预警

跨境支付涉及的复杂性和高价值交易使其容易成为欺诈活动的目标。人工智能技术在跨境支付中的应用可以帮助识别潜在的风险，并提供预警措施，从而保护用户的资金安全。

（1）机器学习算法的应用

机器学习算法可以分析大量的支付数据和用户行为模式，识别出与正常行为不符的异常交易。通过监控用户的交易模式、地理位置、支付金额等信息，机器学习模型可以建立用户的行为特征模型，并检测出异常交易。

（2）深度学习技术的应用

深度学习技术在图像识别、自然语言处理等领域取得了显著的成果，在跨境支付中也有广泛的应用。例如，通过深度学习技术可以对支付过程中的图片、文字信息进行实时分析，以识别出可能存在的欺诈行为，提高支付的安全性。

（3）实时预警系统的建立

企业可以基于人工智能技术建立实时预警系统，用于监控支付过程中的各种异常情况，并及时发出警报。这些预警系统可以根据事先设定的规则和模型，自动识别潜在的风险，并向相关部门或用户发送预警信息，以防止损失的发生。

2. 智能客服和推荐

人工智能技术可以为跨境支付提供智能化的客服和个性化的推荐服务，提升用户体验和支付效率。

（1）自然语言处理技术的应用

自然语言处理技术可以实现智能客服系统，通过对用户的提问和需求进行语义分析和理解，提供及时有效的解答和服务。这种智能客服系统可以24小时在线，为用户提供实时的咨询和支持。

（2）推荐系统的应用

基于用户的历史交易数据和个人偏好，人工智能技术可以构建个性化的支付推荐系统。这种推荐系统可以根据用户的支付习惯和偏好，为其推荐适合的支付方式、优惠活动和产品服务，提高用户的满意度和忠诚度。

（3）智能决策支持系统的建立

人工智能技术可以帮助跨境支付提供商建立智能决策支持系统，辅助管理人员进行决策和风险管理。通过对大量的数据进行分析和挖掘，智能决策支持系统可以为管理人员提供更准确的数据分析和预测，帮助其制定更合理的决策和策略。

第二节　跨境支付安全与合规

一、支付安全风险分析

跨境支付作为一种涉及多个国家和地区的货币支付活动，面临着诸多安全风险，需要进行全面的分析和防范。

（一）支付信息泄露

支付信息泄露是跨境支付面临的主要安全风险之一，其风险来源主要包括：

1. 黑客攻击

支付信息泄露面临的首要威胁是黑客攻击，这是一种严重威胁跨境支付安全的行为。黑客通过网络攻击手段，可能侵入支付平台或用户个人设备，获取用户的支付信息，包括账号、密码、交易记录等敏感数据。这种攻击方式包括多种技术手段，如计算机病毒、网络钓鱼、恶意软件等，从而导致用户财产损失或支付系统瘫痪。

（1）计算机病毒

计算机病毒是一种常见的黑客攻击手段，通过植入恶意代码或程序到用户设备中，黑客可以窃取用户的支付信息或篡改支付数据。这些病毒可能通过恶意软件、网络下载或可移动设备等方式传播，使得用户的支付系统受到威胁。

（2）网络钓鱼

网络钓鱼是另一种常见的黑客攻击手段，攻击者通过伪造合法网站或邮件，诱骗用户输入个人支付信息。用户往往被误导并输入这些信息，以为这是正常的操作或者是为了解决问题所需，然而这些信息实际上被发送到了攻击者的手中，导致用户个人信息的泄露和财产损失。

2. 网络钓鱼

网络钓鱼是跨境支付面临的另一主要安全风险，这种网络欺诈手段会伪装成合法机构或服务提供商，通过虚假的电子邮件或网站，诱导用户输入个人支付信息。攻击者往往利用社会工程学的手段，设计具有诱惑性的信息，以引诱用户点击链接或登录伪造的网站，并要求用户输入个人敏感信息。

（1）伪造合法网站或邮件

攻击者通常会伪造看似来自信誉良好的机构或服务提供商的电子邮件或网站，以欺骗用户相信这些信息的真实性。这些伪造的电子邮件或网站往往包含引人注目的标题或信息，诱导用户点击链接或输入个人信息。

（2）社会工程学手段

攻击者利用社会工程学手段针对用户的心理弱点和好奇心，设计具有诱惑性的信息，以引诱用户点击链接或登录伪造的网站。这种手段往往使用户难以分辨真伪，从而导致用户被骗取个人信息和财产。

（3）隐蔽性和欺骗性

网络钓鱼攻击具有隐蔽性和欺骗性，用户往往难以察觉。攻击者利用虚假信息和伪装手法，欺骗用户输入个人支付信息，从而造成个人信息泄露和财产损失。

（二）交易欺诈

交易欺诈是跨境支付中的常见问题，其主要类型包括：

1. 信用卡盗刷

信用卡盗刷作为一种常见的支付欺诈行为，对用户和支付机构都造成了严重的经济损失和信誉危害。攻击者通过盗取信用卡信息，包括卡号、有效期、安全码等敏感数据，进行非法交易，往往在用户不知情的情况下完成交易，使得用户和支付机构承担损失。

（1）网络黑市交易

攻击者可以通过黑市购买或交易盗取的信用卡信息，这些信息通常是由其他黑客攻击或数据泄露事件获取的。

（2）破解支付系统

攻击者可能利用漏洞或弱点，对支付系统进行攻击，获取信用卡信息。

（3）窃取用户数据

攻击者还可能通过恶意软件、网络钓鱼等手段，直接从用户处窃取信用卡信息。

2. 虚假交易

虚假交易是一种常见的跨境支付欺诈行为，攻击者通过虚假信息或仿冒网站诱导用户进行支付，造成用户和支付机构的经济损失和声誉损害。

（1）伪造虚假信息

攻击者会伪造商品或服务的描述、价格等信息，诱导用户进行交易。

（2）仿冒网站

攻击者可能创建虚假网站，冒充知名品牌或合法机构，欺骗用户进行交易。

（3）社交工程

攻击者可能通过电子邮件、短信等方式发送虚假交易信息，利用社交工程学手段诱导用户点击链接或提供个人信息。

（三）资金洗钱

资金洗钱是跨境支付面临的另一重要安全风险其主要特征包括以下两个方面。

1. 非法资金转移

资金洗钱的核心特征之一是非法资金转移。犯罪分子利用跨境支付的便利性和隐蔽性，通过虚假交易、多次转账等手段将非法获得的资金从一个国家或地区转移到另一个国家或地区，以掩盖其资金的来源和性质。这种非法资金转移通常涉及跨境汇款、外汇交易等方式，因此更加难以追踪和监管。

（1）跨境汇款

跨境汇款是资金洗钱常见的手段之一。犯罪分子利用跨境汇款服务将非法获得的资金从一个国家转移到另一个国家，以分散和混淆资金流向，增加资金的隐蔽性和难以追踪性。

（2）外汇交易

外汇交易是另一种常见的资金洗钱手段。犯罪分子通过外汇市场进行交易，利用虚假交易、价格操纵等手段将非法获得的资金转移至海外账户，以掩盖其资金的来源和性质。

2. 金融体系风险

资金洗钱活动对国家金融体系和社会稳定造成严重影响，增加了金融机构的风险和不稳定性。其主要表现在以下几个方面：

（1）经济秩序破坏

资金洗钱活动会破坏正常的经济秩序，扰乱金融市场的正常运行。犯罪分子的非法资金转移和洗钱活动，可能导致市场价格波动、投资项目失败等经济问题，最终对金融体系的稳定性和可持续发展构成威胁。

（2）金融安全受到威胁

资金洗钱活动给金融体系带来的风险不仅限于经济层面，还涉及金融安全和金融稳定。洗钱资金可能被用于恐怖主义、贩毒、贩卖人口等非法活动，给社会治安和公共安全带来严重威胁，对金融机构的声誉和信誉造成负面影响。

（3）金融机构风险增加

资金洗钱活动增加了金融机构的风险暴露。金融机构可能因未能有效识别和防范洗钱风险而面临法律责任和监管处罚，同时还可能面临涉嫌参与洗钱活动的指控，导致财务损失和声誉受损。

二、支付合规政策解读

为了保障跨境支付的安全和合规，各国政府和监管机构制定了一系列的支付合规政策和法规，对跨境支付进行了详细的规定和要求。

（一）支付安全标准

PCI DSS（Payment Card Industry Data Security Standard）是一套由支付卡行业组织共同制定的支付数据安全标准，旨在保护持卡人的支付信息和减少信用卡欺诈行为。该标准主要包括以下方面。

1. 支付信息的加密和保护

PCI DSS 是一项旨在确保支付系统安全的国际标准，其要求支付机构采取适当的加密技术来保护持卡人的支付信息。这些支付信息包括持卡人的个人身份信息、信用卡号码、有效期以及安全码等敏感数据。通过加密处理，支付数据在传输和存储过程中得以保护，以防止黑客攻击或其他恶意行为导致支付信息的窃取或篡改。

加密技术在支付系统中起着关键作用，它通过将支付数据转化为无法识别的密文，从而保障了数据的机密性和完整性。在数据传输过程中，采用安全的传输协议（如 TLS/SSL），确保支付信息在用户与服务器之间的传输过程中得到有效保护。同时，在数据存储方面，支付机构也需采取相应的加密措施，将敏感信息存储在安全的数据库中，并对访问权限进行严格控制，以防止未经授权的访问和数据泄露。

除了加密技术，支付机构还需建立起完善的支付信息保护机制，包括但不限于访问控制、安全审计和事件监控等措施。通过限制对支付数据的访问权限，支付机构可以有效防止内部员工或恶意攻击者未经授权就获取敏感信息。同时，定期进行安全审计和事件监控，及时发现异常活动并采取措施加以应对，有助于保障支付系统的安全稳定运行。

2. 支付系统的安全审计和监测

为了满足 PCI DSS（Payment Card Industry Data Security Standard）的要求，支付机构需要建立起完善的支付系统安全审计和监测机制，以确保支付系统的安全性和稳定性。这一机制包括定期的安全审计和漏洞扫描，以及实时的监测和报警系统。

首先，支付机构需要进行定期的安全审计和漏洞扫描，以发现支付系统中存在的潜在安全风险和漏洞。安全审计是通过对支付系统的各个方面进行全面检查和评估，确保系统符合安全标准和法规要求。同时，漏洞扫描是通过利用自动化工具对支付系统进行扫描，发现可能存在的安全漏洞和弱点，以及及时修补这些漏洞，防止黑客攻击和恶意行为的发生。这一过程需要支付机构与安全专家合作，利用先进的技术和工具进行全面而深入的审计和扫描，以确保支付系统的安全性和可靠性。

其次，支付机构还需实施实时的监测和报警系统，对支付活动进行实时监测，及时发现可疑交易和异常行为。实时监测是通过利用监控系统和数据分析技术，对支付系统的交易行为进行实时监控和分析，及时发现异常交易和异常行为。一旦发现可疑活动，监测系统会立即报警，并采取相应的措施进行处理，以阻止潜在的安全威胁。这需要支付机构建立起高效的监测系统和响应机制，加强对支付活动的实时监控和分析能力，以及及时应对可能的安全事件，保障支付系统的安全稳定运行。

3. 支付机构的安全培训和管理

PCI DSS（Payment Card Industry Data Security Standard）要求支付机构对员工进行相关的安全培训和管理，这是确保支付系统安全的关键环节。支付机构需要建立起完善的安全管理制度和流程，以加强对员工的安全培训和管理，提高员工对支付安全的重视程度和安全意识。

首先，支付机构需要制订并实施全面的安全培训计划，覆盖支付系统的安全标准、政策和流程等方面。培训内容应包括但不限于支付信息的保护、密码管理、网络安全、社会工程学攻击等相关知识，以使员工了解支付系统的安全风险和防范措施。培训计划可以采用多种形式，如在线课程、面对面培训、安全演练等，以满足不同员工的学习需求和培训目标。

其次，支付机构需要建立起完善的安全管理制度和流程，明确责任分工，确保安全事件的及时处理和应急响应。安全管理制度应包括安全政策、流程和操作规范等，明确各部门和岗位在安全管理中的职责和权限。支付机构还应建立起安全事件处理和应急响应机制，制定相关的处置流程和应对措施，以确保在安全事件发生时能够及时、有效地进行处置和应对，最大限度地减少安全风险的损失。

支付机构还应定期组织安全演练和应急演练，提高员工对安全事件的应对能力和应急处理能力。通过模拟真实的安全事件场景，培训员工的危机处理能力和应急响应能力，使其能够在面对安全威胁时迅速、果断地采取有效的措施，保障支付系统的安全稳定运行。

（二）跨境支付的监管

针对跨境支付的特点和风险，各国政府和监管机构制定了一系列的跨境支付以监管政策和规定，以确保跨境支付的合规和稳定。

1. 支付机构的注册和监管要求

（1）注册程序与审批手续

在开展跨境支付业务前，支付机构需要完成相应的注册和审批手续。这包括向监管机构提交注册申请，并提供相关的企业信息、财务状况、经营计划等资料。审批程序可能涉及多个部门，包括金融监管部门、外汇管理部门等。支付机构需要经过严格的审查和评估，以确保其具备开展跨境支付业务的资质和能力。

（2）经营资质和安全保障措施

一旦获得注册批准，支付机构需要按照监管要求提交相关的经营资质和安全保障措施。这包括但不限于：

① 资本金要求

支付机构需要满足一定的资本金要求，以确保其具备足够的经营实力和风险承受能力。

② 安全技术要求

支付机构需要建立起完善的信息安全管理体系，采取有效的安全技术措施，保护用户的交易数据和资金安全。

③ 风险管理措施

支付机构需要建立起健全的风险管理体系，包括对交易风险、信用风险、操作风险等进行有效监控和管理。

（3）定期监管与审核

监管机构会对支付机构进行定期的监管和审核，以确保其业务经营合规，保障用户权益。这包括对支付机构的财务状况、业务操作、风险管理等方面进行审查和评估。监管机构会根据实际情况采取不同的监管手段，包括现场检查、资料披露要求、风险提示等，以保持市场的稳定和健康发展。

2. 对支付行为的限制和监督

（1）支付金额的限制

为防止跨境支付被用于非法活动和资金洗钱，各国政府和监管机构会对支付金额进行一定的限制。这些限制可能涉及单笔交易金额、日累计交易金额等，旨在降低支付风险，保障金融系统的稳定运行。监管机构会根据国家的实际情况和风险评估结果，制定相应的支付金额限制政策，并定期进行调整和优化。

（2）支付对象的限制

除了对支付金额的限制外，监管机构还会对支付对象进行一定的限制。这包括对支付对象的身份、背景等进行审查，防止跨境支付被用于恐怖主义融资、非法交易等活动。监管机构会建立起完善的支付监控系统，对涉嫌违法违规的支付行为进行监测和预警，及时采取相应措施加以阻止和打击。

（3）支付用途的限制

为确保跨境支付的合法性和合规性，各国政府和监管机构还会对支付用途进行一定的限制。这包括对支付用途的合法性、真实性等进行审查，防止跨境支付被用于非法活动和违法用途。监管机构会建立起相应的风险评估机制，对不同的支付用途进行分类管理，加强对高风险支付行为的监管和控制。

3. 合规与安全并重的原则

在跨境支付监管中，合规与安全并重是基本原则。各国政府和监管机构在制定相关政策和规定时，既要保障支付市场的合规运行，又要强化支付系统的安全保障。

（1）合规性要求

支付机构在开展跨境支付业务时，需遵守相关的国内外法律法规和行业规范，确保业务运行的合法性和规范性。监管机构会对支付机构的合规性进行监督和评估，及时发现并处理违规行为。

（2）安全性保障

支付机构需要加强支付系统的安全防护，采取有效的技术和管理措施，防范支付信息泄露、交易欺诈等安全风险。监管机构会对支付系统的安全性进行评估和监测，要求支付机构建立起完善的安全管理制度和应急响应机制，以保障支付系统的安全稳定运行。

三、我国第三方跨境支付法律监管的内容

（一）监管模式

我国对第三方跨境支付的监管是建立在对第三方支付机构的监管基础上的，对于第三方跨境支付监管模式的探讨离不开对我国金融监管模式的探讨，因为目前我国的第三方跨境支付是作为互联网金融的细分项从属于整个金融体系之下的。目前，我国的金融监管模式是"一行两会"，实行传统的分业监督，中国人民银行负责货币政策的监管，证券监督管理委员会负责证券业务的监督，而银行保险监督管理委员会负责银行业保险业的监督。

2010 年 6 月 14 日颁布的《非金融机构支付服务管理办法》(以下简称《非金融办法》)、2015 年 12 月 29 日颁布的《非银行支付机构网络支付业务管理办法》（简称《非银行办法》）和 2019 年 4 月 29 日颁布的《支付机构外汇业务管理办法》（简称《外汇管理办法》）共同构建了对于第三方跨境支付的监管模式，即中国人民银行实行的分类监管为主，第三方支付机构自我监管、行业组织自律监管和合作银行协助监管为辅。对于中国人民银行分类监管而言，《非银行办法》的第 5 条原则性地规定了中国人民银行对于第三方支付机构实行分类监管并执行相应的分类监管措施。该办法的第 35 条至 39 条规定了中国人民银行的分类监管标准、对评定为不同级别的第三方支付机构的监管措施的严格程度各有不同；关于行业组织自律管理方面，《非银行办法》第 40 条规定了中国支付清算协会是第三方支付机构的行业协会，第三方支付机构应当成为中国支付清算协会的成员，接受中国支付清算协会的管理和监督。同时《非银行办法》还要求中国支付清算协会负责制定行业标准、行业自我约束规范、建立相关机制审查组织成员是否充分执行行业自律规范。中国支付清算协会还应当建立信用承诺制度，要求支付机构自愿接受约束和处罚；关于合作银行协助监管方面，《非银行办法》第 29 条要求银行应当对支付机构备付金的使用情况进行监督，并有权拒绝支付机构关于备付金的违规操作，发现备付金的异常情况应当立即报告给银行所在地中国人民银行分支机构。《外汇管理办法》第 20 条要求合作银行应对第三方支付机构的跨境支付业务进行随机抽查以此监督第三方跨境支付的合规性，对于抽查情况应当留存一定的时间以备监管部门查询。

（二）市场准入

目前我国对第三方跨境支付实行的是双重市场准入许可，即从事第三方跨境支付业务事先应当取得《非金融机构支付服务管理办法》（以下简称《支付业务

许可证》）成为第三方支付机构，然后办理名录登记后方可开展跨境支付业务。目前关于第三方支付的市场准入主要由《非金融办法》作出详细规定。第三方跨境支付的市场准入则由《人民币跨境支付系统业务管理实施意见》（以下简称《人民币实施意见》）和《外汇管理办法》各自具体规定，《人民币实施意见》规定了第三方跨境人民币的市场准入，《外汇管理办法》则规定第三方跨境外汇支付的市场准入。同时，对于外资从事第三方跨境支付业务的市场准入由中国人民银行在 2018 年发布的第 7 号公告作出相应规定，外资在具有规范安全的支付系统和满足本地化信息存储要求的前提下与内资企业适用同样的监管标准。第三方跨境支付市场准入主要包括业务许可、资本要求与退出机制三方面内容。

1. 业务许可

对于第三方跨境外汇支付业务而言，第三方支付机构从事跨境支付业务应当取得支付业务许可证和跨境支付许可证两个许可证方可从事第三方跨境支付业务。根据《外汇管理办法》第 3 条规定进行名录登记，没有进行名录登记的，则不能从事跨境支付业务。《外汇管理办法》第 10 条规定了第三方支付机构从事跨境支付业务的准入白名单，即第三方支付机构应当具备以下六个条件：一是获得了支付业务的市场准入；二是具有外汇业务的风险内部控制制度和相应的技术能力；三是开展外汇业务的必要性；四是具有交易真实性审核能力；五是具有一定数量的熟悉外汇业务的人员；六是选择合作的银行应当具有审核外汇业务真实性、合规性的能力。其中对于外汇业务负责人以及支付机构应当选择具有外汇业务真实性、合规性审核能力的合作银行属于比较创新的规定。对于外汇业务负责人的变更属于事前变更，而第三方支付机构的法人代表及其实际控制人的变更则属于事后变更，由此可见，监管部门加强了对跨境外汇支付业务的监管力度。同时与一般企业名录登记无有效期管理不同，支付机构名录登记有效期为五年，如第三方支付机构事前采取欺骗等不正当手段进行名录登记的，监管部门应当撤销其名录登记并在三年内禁止该申请人、申请人的股东和实际控制人申请进入跨境支付市场。

《外汇管理办法》第 12 条规定了第三方支付机构申请外汇支付业务的范围，"服务贸易"从《支付机构跨境外汇支付业务试点指导意见》（以下简称《外汇试点意见》）里七项业务扩展至十项，外汇业务范围为货物贸易和服务贸易，服务贸易项下细分为留学、航空机票、酒店住宿、国际展览、国际运输／物流、旅游、国际会议／展览、软件、通信和广告。但目前对于一些新型业务，如在线试听、虚拟物品（账号、装备、金币）、离境退税等是否能被支付机构申请的业务范围所包括，监管部门尚未有明确的规定，今后的立法可以考虑将各种新兴服务形式纳入第三方跨境支付的外汇业务范围内。

2. 资本要求

目前对于第三方支付机构的资本要求主要由《非金融办法》进行规制，《非金融办法》第 9 条对于申请从业支付业务的申请人机构按照其申请从事支付业务的地理范围划分了两个资本要求标准，在全国范围内或跨省从事支付业务的申请人的注册资本要求不得低于一亿元，而在省级行政区范围内从事支付业务的申请人的注册资本不得低于三千万元，且申请人的注册资本应当为实缴货币资本。同时监管部门坚持实施穿透式监管，对第三方支付机构的拥有 10% 以上股权的股东和实际控制人要求为有限责任公司或股份有限公司且连续盈利两年以上，这一规定防止第三方支付机构的股东或实际控制人的风险传递至支付机构。《非金融办法》还规定了第三方支付机构的出资人变动、公司注册资本、公司形式的变动应当在申请变更登记前报中国人民银行同意，以事前变更的形式控制第三方支付机构的资金风险。

监管部门对于第三方支付机构的资本要求监管并不是静态的，而是一个动态监管的过程，《非金融办法》第 30 条规定了第三方支付机构的实缴资本与备付金日均数额之间的比例不得低于 10%，将第三方支付机构的资本要求与其支付业务的规模相挂钩，其监管目的是防止客户资金风险的集聚和扩大。但在目前客户备付金足额集中存管政策足够保护到用户资金安全的前提下，仍要求第三方支付机构的实缴资本不得低于客户备付金日均余额的 10% 过于严苛，一定程度上增加了第三方支付机构的资金成本。在对资本要求的动态监管方面，还有对于第三方支付机构财务状况的要求。第三方支付机构的亏损累计达到实缴资本的 50%，监管部门有权责令第三方支付机构停止部分或全部支付业务。就出资要求方面，人民银行颁布的其他关于第三方支付的相关法规并未作出要求。

3. 风险预警和特定情形下的退出机制

根据艾瑞咨询统计数据显示，我国 2020 年第三方支付市场达到了 271 万亿元，第三方跨境支付市场规模为 9142 亿元。[1] 如此庞大的市场规模也使得对于第三方跨境支付的风险把控显得尤为重要，而风险预警制度和市场退出机制是风险管控的重要手段，及时出清业务经营不合规、风险管控不到位的企业才能更好地促进第三方跨境支付行业的良好发展。目前关于第三方支付的风险预警与市场退出主

---

[1] 艾瑞咨询.中国第三方跨境支付行业研究报告 [EB/OL]. (2020-10-09) [2024-05-27].

要由《非金融办法》作出规定。对于第三方支付机构的市场退出主要有两种方式，一是第三方支付机构申请终止支付业务，二是第三方支付机构因违反监管部门的要求被终止支付业务。对于前者，《非金融办法》第 9 条作出了详细的规定，即支付机构向中国人民银行终止支付业务申请，监管部门同意的，支付机构应当按照人民银行的批复完成终止工作，由人民银行注销支付业务许可证。对于后者，《非金融办法》第 38 条规定中国人民银行及其分支机构有权责令第三方支付机构停止办理部分或全部支付业务的三种情形：一是支付机构财务累计亏损达到其注册资本的 50%；二是在日常经营中出现重大风险；三是有重大违法违规行为。但该规定中仍有许多不明晰之处，如对"重大经营风险"和"重大违法违规行为"的情形并无详细规定，同时"停止办理部分或全部支付业务"是否等同于注销支付业务许可证抑或是暂时中止支付业务也并未加以明细规定。对于第三方支付机构退出跨境外汇支付业务由《外汇管理办法》作出规则，同样是两种退出方式，一是第三方支付机构自行申请终止跨境外汇支付业务，二是第三方支付机构因违反监管部门的要求被终止跨境外汇支付业务。第三方支付机构可以根据《外汇管理办法》第 16 条自行申请退出外汇支付业务，支付机构应在终止外汇业务的五个工作日内向国家外汇局提出。待第三方跨境外汇支付业务处置完毕后，外汇局注销其登记。关于监管部门终止第三方支付机构跨境外汇支付业务方面，《外汇管理办法》的第 43 条、第 44 条规定了国家外汇管理局根据第三方支付机构在跨境支付业务中的违规操作按照风险严重程度对其实施风险提示、责令整改、调整大额收支交易报告以及终止外汇支付业务。《外汇管理办法》第 46 条规定了国家外汇管理局实施行政处罚的情形，主要为第三方支付机构、合作银行未按规定审核外汇业务的真实性和合规性、违反外汇账户管理规定和未按规定报送相关数据等。如第三方机构存在未取得监管部门的许可就从事跨境支付业务或超出跨境支付业务范围开展业务的情形，外汇局将依法实施调整、注销名录登记等措施。

（三）外汇监管

我国对第三方跨境支付实行外汇监管是我国是出于稳定人民币汇率、实现国际贸易收支平衡的外汇管理目标。第三方跨境支付的外汇监管也是我国对于第三方跨境支付监管的特色，欧美等国家因其并不对外汇实行严格监管，故对于其第三方跨境支付也没有实行外汇监管制度。我国对第三方跨境支付的监管主要法律文件是国家外汇管理局 2019 年 4 月 29 日颁布的《外汇管理办法》，其确立了对第三方跨境支付外汇监管的主要内容，主要是监管模式、客户识别、交易审核等内容。在监管模式方面，《外汇管理办法》和《中华人民共和国外汇管理条例》（以下简称《外汇管理条例》）共同确立了以国家外汇管理局及其地方分支机构履行法定监管职权加支付机构、银行自我监管的监管模式。国家外汇局的监管主要依靠对支付机构和银行设置市场准入、交易报告制度以及行政处罚来实现，而支付机构和银行的自我监管则主要靠建立相关机制来实现，其相关机制主要有：一是支付机构应建立市场交易主体负面清单管理制度，拒绝为严重违反外汇管理制度的法人或自然人提供外汇支付服务；二是支付机构应建立健全外汇业务风险控制制度和技术系统；三是外汇支付业务合作银行应对第三方跨境支付业务建立随机抽查制度，要不定时随机抽查第三方支付机构的外汇业务并做好信息留存，以备监管部门查询。四是第三方支付机构对用户建立交易信息比对制度，通过资金流、物流和信息流的比对，对交易真实性进行审核。

在客户识别方面，支付机构要做到外汇业务展业三原则，在登记的业务范围内开展经营活动。此外支付机构还负有严格核实支付客户身份信息真实性的职责，《外汇管理办法》第 18 条明确了交易主体由支付机构尽职核验，包括交易主体身份的真实性、合法性，交易主体的信息审核原则上包括但不限于名称、国别、有效证件号码等可校验身份的信息。

关于交易审核方面，《外汇管理办法》第 21 条要求支付机构建立交易信息采集制度，要求支付机构按照不可被篡改、可追溯、真实性的原则收集交易信息，包括商品和服务的名称、种类、价格和数额等信息。如果有条件，还可以收集物流信息作为辅助验证信息。

（四）消费者权益保护

第三方跨境支付因其没有时空限制、跨境性和法律主体复杂等特点，法律应当给予第三方支付消费者更大的保护力度。但目前因第三方跨境支付发展时间较短，我国对于第三方跨境支付中的消费者权益规制比较少。对于第三方跨境支付的消费者仍然需要靠《中华人民共和国民法典》（以下简称《民法典》）《中华人民共和国消费者权益保护法》（以下简称《消费者权益保护法》）和《中华人民共和国电子商务法》（以下简称《电子商务法》）等法律规范来进行保护。但这些法律并不能完全满足第三方跨境支付领域消费者保护的需要，其仍存在不少立法空白地带。因此应加强对于第三方跨境支付的立法监管，完善在客户信息保护、消费者纠纷解决等方面的法律规制。

在法律对于第三方跨境支付消费者保护不完善的情况下，目前主要依靠部门规章以及其他规范性文件来发挥在第三方跨境支付消费者权益保护方面的作用。《非银行支付机构客户备付金存管办法》（以下简称《备付金办法》）加强了对消费者沉淀资金的监管力度，有效地降低了第三方支付机构挪用、占用客户备付金的风险。首先，《备付金办法》规定了客户备付金的所有权归属于消费者，明确了第三方支付机构对于客户备付金的代为保管为"保管合同"行为。其次《备付金办法》规定了第三方支付机构应当将客户备付金集中缴存在商业银行开设的备付金账号，商业银行对于第三方支付机构违规挪用或占用客户备付金的操作有权拒绝，这些降低了备付金被占用的风险。最后《备付金办法》规定了第三方支付机构应当缴纳行业保障基金，用于弥补客户备付金特定损失以及中国人民银行规定的其他用途，"中国人民银行规定的其他用途"为通过行业保障基金保障消费者权益维护提供了一种开放式的补充规定。《非银行办法》在第三方跨境支付的消费者权益保障方面发挥了重要作用，该办法对于消费者权益的保护主要集中在客户信息保护、客户资金保护、客户消费者权利等方面。就客户信息保护而言，《非银行办法》规定第三方支付机构对于客户信息的采集应当遵循"最小化原则"，未经客户授权不得将客户信息向其他机构或个人提供，不得存储客户的银行卡的验证码、密码等敏感信息。关于客户资金保护方面，《非银行办法》规定了第三方支付机构对于不满足支付安全验证要求的交易造成客户的损失承担赔偿责任，对于第三方支付机构因其设施、技术不达标造成客户的损失承担赔偿责任。关于客户消费者权利方面，《非银行办法》规定了消费者的知情权、自主选择权。

《非银行办法》规定了支付机构应当确保协议内容清晰、易懂，并以显著方式提示客户注意与其有重大利害关系的事项，同时对于协议条款、收费标准和收费项目新增等信息也应当公开披露并确保客户知悉。同时《非银行办法》规定了第三方支付机构应当尊重和保障消费者的自主选择权，不得妨碍客户自主选择支付服务提供主体或资金收付方式，以及选择使用其他机构提供的支付服务。

第三节　金融科技创新在跨境电商中的应用

一、区块链技术在跨境支付中的应用

区块链技术作为一种去中心化的分布式账本技术，被广泛应用于跨境支付领域，为跨境电商提供了更安全、更高效的支付解决方案。（见图 6-1）

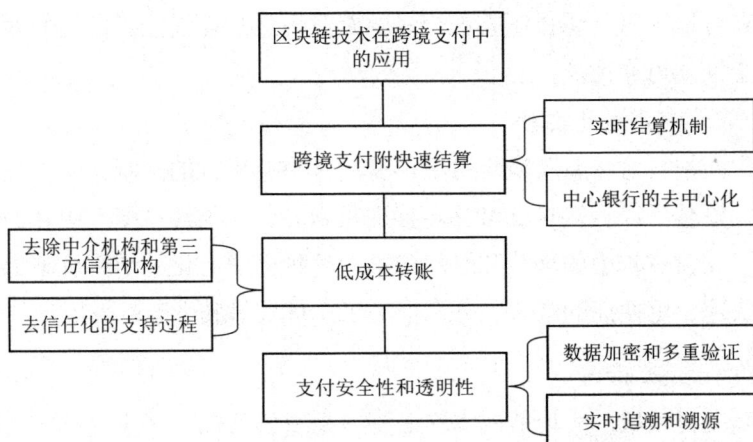

图 6-1　区块链技术在跨境支付中的应用架构图

（一）跨境支付的快速结算

在跨境支付领域，实现快速结算是至关重要的，区块链技术的应用为实现这一目标提供了新的解决方案。以下是跨境支付的快速结算的两个关键方面：

1. 实时结算机制

（1）区块链技术的应用

区块链技术通过去除传统跨境支付中的中间银行和结算机构，实现了实时结算。传统跨境支付中，资金结算需要经过多个中间银行和结算机构的确认和处理，导致了支付过程的时间成本较高。而利用区块链技术，支付可以在几分钟内完成。所有的交易都被记录在不同节点的分布式账本上，无须中间机构的确认，从而极大地提高了支付的结算速度和效率。

（2）实时性与高效性

区块链技术的实时结算机制使得资金可以在短时间内从支付方转移到收款方，大幅缩短了支付的周期。这种实时性不仅提高了支付的效率，还降低了支付过程中的操作风险和成本。同时，实时结算也能够提高资金利用率，以资金能够更快地流动和投资，促进了跨境贸易和经济发展。

2. 中间银行的去中心化

（1）消除信息不对称和信任问题

传统跨境支付中，中间银行之间存在着信息不对称和信任问题，导致了支付过程中的烦琐和低效。区块链技术通过去中心化的特点，消除了中间银行的需求，使得跨境支付的结算过程更为简单和高效。所有的交易都在区块链网络上公开记录，参与者可以通过共识机制验证交易的有效性，从而消除了信任问题，提高了支付的安全性和可靠性。

（2）取消中介提升效率

取消中间银行意味着跨境支付不再受制于中介机构的限制，支付过程更加直接和高效。资金可以直接从支付方转移到收款方，无须经过多个中介的确认和处理，减少了支付过程中的环节和时间成本。这种去中心化的结算机制为跨境支付提供了更快速、更便捷的结算服务，推动了全球贸易和金融的发展。

（二）低成本转账

在跨境支付领域，实现低成本转账是一个重要目标，区块链技术的应用为实现这一目标提供了新的解决方案。以下是低成本转账的两个关键方面：

1. 取消中介机构和第三方信任机构

（1）区块链技术的去中心化特性

区块链技术的去中心化特性降低了跨境支付的中间环节和费用。传统跨境支付中，中介机构和第三方信任机构需要收取较高的手续费，增加了支付的成本。而利用区块链技术，支付可以直接由用户之间进行，无须经过中介机构的介入。这样一来，支付过程中的手续费和中间商费用大幅降低，为用户提供了更为经济的支付方案。

（2）降低支付成本

取消了中介机构和第三方信任机构之后，跨境支付的成本大幅降低。由于区块链技术的去中心化特性，支付双方可以直接进行交易，无须支付额外的手续费给中介机构。这种低成本的支付方式不仅降低了用户的支付成本，也促进了全球经济的发展和贸易的繁荣。

2. 去信任化的支付过程

（1）智能合约的应用

区块链技术通过智能合约等技术手段，实现了去信任化的支付过程。在传统跨境支付中，支付双方需要依赖第三方信任机构来保证交易的安全和可靠性。而利用区块链技术，支付双方可以通过智能合约自动执行支付过程，无须依赖第三方的信任。

（2）降低支付风险和成本

去信任化的支付过程降低了支付的风险和成本。由于智能合约的自动执行特性，支付双方无须担心第三方信任机构的欺诈或故障。智能合约可以根据预设的条件自动执行支付，确保支付过程的安全和可靠性。这种去信任化的支付方式不仅简化了支付过程，也降低了支付的操作风险和成本。

（三）支付安全性和透明性

在跨境支付领域，支付安全性和透明性是至关重要的，区块链技术的应用为实现这一目标提供了新的解决方案。以下是支付安全性和透明性的两个关键方面。

1. 数据加密和多重验证

（1）区块链技术的高度安全性

区块链技术具有高度安全性的特点，每一笔支付都被记录在区块链网络中，并经过多方验证和加密，防止支付信息被篡改和伪造。区块链网络采用分布式的共识机制来验证交易的有效性，保障了支付信息的安全和完整性。

（2）数据加密与隐私保护

区块链技术通过使用加密算法对支付数据进行加密处理，保障了支付信息的隐私和安全。只有具有相应权限的参与者才能够访问和查看支付数据，保障了支付过程中的隐私保护和安全性。

2. 实时追溯和溯源

（1）实现支付信息的实时追溯

区块链技术可以实现支付信息的实时追溯，所有的交易记录都被永久存储在区块链上，任何人都可以查看和验证。这提高了支付的可追溯性和可信度，用户可以随时查看支付的历史记录和交易详情。

（2）提高支付的透明性和可信度

实时追溯和溯源功能提高了支付的透明性和可信度。区块链上的交易信息是公开透明的，任何人都可以查看和验证，这减少了支付过程中的信息不对称和欺诈风险。用户可以通过区块链上的交易记录来验证支付的合法性和真实性，增强了支付的信任度和可靠性。

二、人工智能技术在金融服务中的应用

人工智能技术在跨境支付中也发挥着重要作用，主要体现在风险识别和欺诈检测等方面，为跨境电商提供了智能化的支付服务。

（一）智能风险识别

在跨境支付领域，智能风险识别是一项至关重要的任务，可以帮助支付机构和金融机构及时发现潜在的支付风险和欺诈行为，保障支付的安全和可靠性。以下是智能风险识别的两个关键方面。

1. 实时监测与分析

（1）实时监测交易行为

智能风险识别系统利用人工智能技术对跨境支付的行为和交易信息进行实时监测。通过监控支付交易的实时数据流，系统能够快速发现异常的交易模式和行为特征。例如，系统可以检测到大额支付、频繁支付操作、异常时间段的支付等不寻常的行为，而这些可能都是欺诈行为。

（2）大数据分析技术的应用

智能风险识别系统结合了机器学习算法和大数据分析技术，能够对海量的支付数据进行实时分析和处理。通过对历史数据的学习和建模，系统可以识别出潜在的支付风险，并及时作出预警和应对措施。这种基于大数据的分析方法能够提高风险识别的准确性和效率，帮助支付机构更好地管理支付风险。

2. 智能化风险评估模型

（1）综合考虑多维信息

智能风险识别系统可以建立起智能化的风险评估模型，综合考虑用户的历史交易数据、行为轨迹、地理位置等多维信息。通过对这些信息的综合分析和评估，系统可以更准确地判断支付行为的可信度和风险程度。例如，系统可以考虑用户的交易习惯、地理位置是否异常等因素来评估支付风险。

（2）持续学习与优化

智能风险识别模型是一个持续学习的过程，系统不断通过监督学习和反馈机制来优化模型的性能。系统可以根据实际情况和反馈数据对模型进行调整和更新，以适应不同的支付场景和风险情况。通过持续学习和优化，智能风险识别模型可以不断提高风险识别的准确性和效率，为支付安全提供更可靠的保障。

（二）智能客服和推荐

在跨境支付领域，智能客服和推荐系统的应用对于提升用户体验和服务质量至关重要。以下是智能客服和推荐系统的两个关键方面。

1. 智能客服系统

（1）自然语言处理技术的应用

智能客服系统利用自然语言处理技术，可以理解用户的支付需求和问题。通过对用户输入的文字或语音进行分析和处理，系统能够准确识别用户的意图，并提供相应的解答和解决方案。这种智能客服系统可以大大提高用户的沟通效率和满意度，使用户能够更便捷地获取支付相关的信息和支持。

（2）24/7全天候服务

智能客服系统可以全天候提供服务，24小时不间断。无论是在白天还是在夜晚，用户都可以随时通过智能客服系统进行咨询和支持。这种全天候的服务模式，能够满足用户在不同时间段的支付需求，提高了用户的便利性和体验感。

2. 智能推荐算法

（1）基于用户历史数据的分析

智能推荐算法通过分析用户的历史交易数据、消费习惯和偏好标签等信息，能够精准地了解用户的支付需求。通过对这些数据进行深度学习和分析，系统可以为用户推荐最适合的支付方式、产品和优惠活动，从而提高用户的满意度和忠诚度。

（2）个性化推荐服务

智能推荐算法能够根据用户的个性化需求和偏好，为用户量身定制支付方案。系统可以根据用户的消费行为和偏好，为其推荐符合其需求的支付产品和服务。这种个性化的推荐服务不仅提高了用户的支付体验，也促进了用户对支付服务的信赖和使用。

第七章　跨境电子商务人才培养与团队建设

第一节　跨境电子商务专业人才需求分析

一、人才需求概况

（一）全球经济一体化的推动

1. 全球经济一体化的趋势

全球经济一体化是指各国经济在资源、市场、技术和信息等方面日益相互依存和融合的趋势。这一趋势的出现源于全球化、信息技术革命以及国际经济合作的深化，对世界经济的发展产生了深远影响。

（1）国际贸易壁垒的降低

随着各国逐步放开国际贸易限制和关税壁垒，国际贸易得以自由化和便利化，促进了跨国企业的发展和全球资源的有效配置。

（2）信息技术的发展

信息技术的迅速发展使得信息传递和交流变得更加便捷和高效，为全球经济一体化提供了强大的技术支撑和基础设施。

（3）跨国公司的兴起

跨国公司在全球范围内的兴起和发展，使得跨国企业在生产、销售和市场开拓方面具有更大的影响力和资源优势，推动了全球经济的一体化进程。

2. 对人才需求的影响

在全球经济一体化的推动下，企业需要面对越来越广阔的国际市场。为了在竞争激烈的市场中立足，企业需要大量具备跨境贸易、国际市场开拓、数字营销和物流管理等方面专业知识和技能的人才。

（1）跨境贸易专业人才

企业需要了解国际贸易规则、跨境贸易政策和国际商务操作流程的专业人才，以确保企业的跨境贸易活动顺利进行。

（2）国际市场开拓人才

企业需要具备开拓国际市场和拓展海外业务的人才，能够根据不同国家和地区的市场需求和文化特点，制定相应的营销策略和推广计划。

（3）数字营销和物流管理人才

随着数字化时代的来临，企业需要具备数字营销和物流管理方面的专业人才，能够利用互联网和数字化技术开展市场推广和物流运作，提升企业的竞争力和效率。

在全球经济一体化地背景下，人才培养同时面对机遇和挑战。一方面，人才需求更加多元化和复杂化，需要培养具备全球化视野和跨文化沟通能力的专业人才；另一方面，全球化的学习和交流环境为人才培养提供了更广阔的平台和更丰富的资源，促进了人才培养的国际化和多样化发展。

（二）跨境电商行业的迅猛增长

1. 行业发展趋势

（1）全球化市场需求

跨境电商行业在全球范围内呈现出迅猛增长的趋势，主要受益于全球市场的不断扩大和消费者需求的日益多样化。随着全球化进程的推进，消费者对于来自世界各地的商品和服务的需求不断增长，跨境电商成为满足这一需求的重要途径。

（2）电商平台的兴起

随着互联网技术的发展，跨境电商平台的兴起为企业提供了更便捷、高效的销售渠道。知名跨境电商平台如亚马逊、速卖通、eBay 等已经成为全球性的电商巨头，为企业提供了海量的消费者资源和完善的销售服务体系。

（3）跨境贸易政策的优化

越来越多的国家和地区意识到跨境电商的发展潜力，纷纷出台政策支持和优惠措施，简化海关手续、降低关税税率、拓展贸易渠道等，从而促进了跨境电商的繁荣发展。

2. 对人才需求的影响

（1）专业知识和实践经验的需求

跨境电商行业的快速发展带来了对具备深入了解国际市场规则、外贸操作流程、跨境支付方式等方面知识和实践经验的人才的迫切需求。企业需要拥有跨境电商运营和管理经验的人才，能够熟练运用电商平台进行商品上架、订单处理、物流管理等操作，并且了解不同国家和地区的贸易政策和市场环境。

（2）数字营销和文化交流能力的要求

跨境电商从业人员需要具备良好的数字营销技能，能够通过社交媒体、搜索引擎优化等手段开展线上推广，并且能够根据不同国家和地区的文化特点和消费习惯进行市场定位和营销策略的制定。

（3）团队协作和创新能力的重要性

在跨境电商行业中，团队协作和创新能力尤为重要。跨境电商涉及多个环节和部门的协作，需要团队成员之间具备良好的沟通和协调能力，同时也需要团队具备创新精神，能够不断探索新的商业模式和服务方式，以应对市场竞争的挑战。

二、人才培养目标与路径

（一）培养目标概述

跨境电子商务专业人才的培养目标是培养具备国际视野、创新思维和实践能力的人才。这些人才不仅需要了解跨境贸易政策和国际市场规则，还需要具备跨文化沟通能力和团队合作精神，以适应和应对不同国家和地区的商业环境和文化差异（见图7-1）。

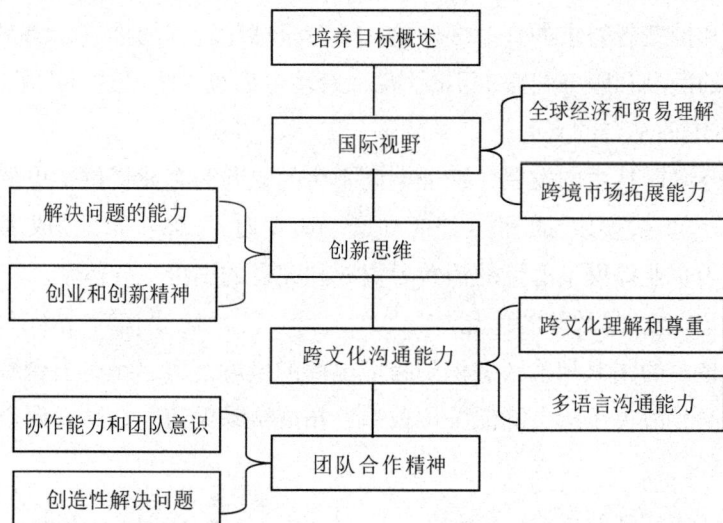

图7-1　人才培养目标架构图

1. 国际视野

（1）全球经济和贸易理解

具有国际视野的人才意味着能深刻理解全球经济和贸易的发展趋势，了解不同国家和地区的经济状况、政策法规以及市场需求。这需要通过学习国际贸易理论、全球经济形势和国际市场分析等课程，培养学生对国际经济的敏感度和洞察力。

（2）跨境市场拓展能力

拥有国际视野的人才应具备在跨境市场开拓方面的能力。这包括了解不同国家和地区的消费者行为和偏好、市场规模和潜力，以及竞争对手的情况，从而制定针对性的市场拓展策略，实现企业的国际化发展目标。

2. 创新思维

（1）解决问题的能力

培养创新思维意味着使人才具备独立思考和解决问题的能力。在跨境电子商务领域，面对复杂多变的市场环境和竞争压力，人才需要具备发现问题、分析问题和解决问题的能力，不断探索新的商业模式和市场机会。

（2）创业和创新精神

创新思维还包括培养创业和创新精神。跨境电子商务行业处于快速发展阶段，需要具有创新精神的人才不断探索新的商业机会和发展路径，推动企业的持续创新和发展。

3. 跨文化沟通能力

（1）跨文化理解和尊重

跨境电商涉及不同国家和地区的合作与交流，因此需要具备跨文化沟通能力的人才。这包括了解和尊重不同文化背景和价值观，避免文化冲突和误解，并能够有效地与国际合作伙伴和客户进行沟通和协商。

（2）多语言沟通能力

跨文化沟通能力还需要具备多语言沟通能力。人才需要能够流利地使用英语等国际通用语言，以及掌握其他国家和地区的语言和交流技巧，使跨境合作更加顺畅和高效。

4. 团队合作精神

（1）协作能力和团队意识

团队合作精神是指具备良好的团队协作能力和合作精神，能够与团队成员协同工作，共同完成跨境电子商务项目并取得成功的风向标。这需要培养学生的团队意识和沟通协作能力，学会倾听和理解他人的观点，有效地分工合作，共同实现团队的目标。

（2）创造性解决问题

团队合作精神还需要包括创造性解决问题的能力。团队成员应该能够积极提出建设性的意见和想法，共同探讨并解决项目中出现的挑战和问题，从而推动项目的顺利进行和成功实施。

（二）多元化的人才培养路径

1.传统学校教育

（1）专业课程学习

传统学校教育提供了系统的跨境电子商务专业课程，涵盖了从基础理论到实践技能的全方位培养。学生通过学习相关课程，如国际贸易原理、数字营销、跨境支付、国际市场开拓等，建立起对跨境电商领域的扎实基础。

（2）实践项目和案例分析

除了理论课程，学校还提供实践项目和案例分析等教学活动。通过参与实践项目，学生可以将理论运用于实践，并通过案例分析了解实际业务运作和解决问题的方法，提高自己的实践能力和应对复杂情况的能力。

2.在职培训

（1）专业技能提升

在职培训为已经从事跨境电子商务行业的从业人员提供了继续教育和专业技能提升的机会。通过参加各类培训课程，如跨境贸易操作、国际市场拓展策略、电子商务平台应用等，从业人员可以不断更新自己的知识和技能，适应行业发展的需要。

（2）行业趋势和政策解读

在职培训还可以帮助从业人员了解行业的最新趋势和政策变化。通过参加研讨会、专业讲座和行业交流会，从业人员可以与同行交流经验、分享行业见解，拓宽自己的思路和视野。

3.实习实践

（1）实践机会和项目合作

实习实践是将学习到的理论知识应用到实际工作中的重要途径。学生可以通过参与实习项目或在跨境电商企业中实习，与专业人士合作，了解企业运作和行业实践，提升自己的实践能力和解决问题的能力。

（2）行业导师指导

实习期间，学生可以获得来自企业导师的指导和支持。企业导师可以帮助学生解决实际问题，指导他们应对挑战，并分享行业经验和职业建议，帮助学生更好地成长和发展。

4. 自主学习和研究

（1）在线教育资源

自主学习和研究是培养跨境电商专业人才的重要途径之一。学生和从业人员可以借助互联网和在线教育资源，自主学习相关领域的知识和技能。通过观看在线课程、阅读学术论文和参与线上讨论，他们可以不断提升自己的专业水平和竞争力。

（2）实践项目和个人项目

除了学校教育和在职培训，个人实践项目也是重要的学习途径。学生和从业人员可以开展个人实践项目，如创建自己的跨境电商平台、开展市场调研和推广活动等，以此来加深对行业的理解和掌握相关技能。

第二节 跨境电商人才培训模式

一、在职培训模式

在职培训模式旨在为已就业人员提供跨境电商领域的专业知识和技能，以适应行业的发展需求。以下将从培训课程设计、专业讲师团队和实践案例分析三个方面展开讨论，深入探究这一培训模式的核心要素（见图 7-2）。

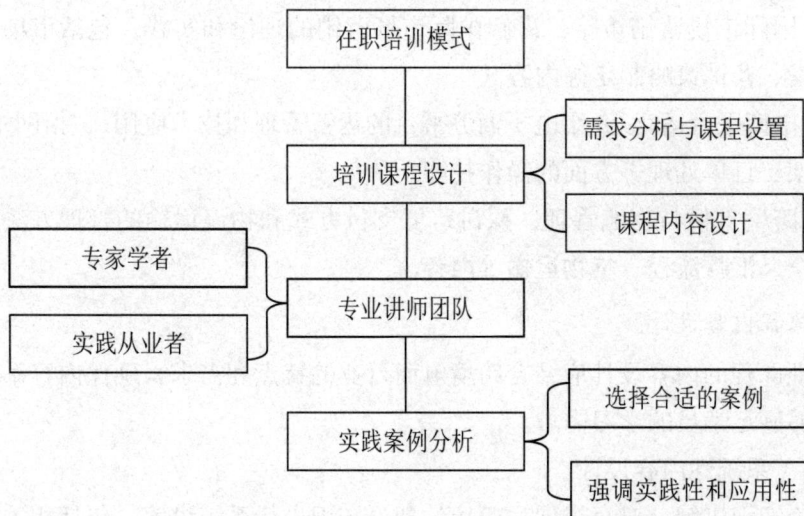

图 7-2　在职培训模式架构图

（一）培训课程设计

在职培训模式是为已就业人员提供各类培训课程和讲座，旨在提升他们在跨境电商领域的专业知识和技能。培训课程的设计至关重要，需要充分考虑企业和员工的需求，确保培训的全面性和实用性。

1.需求分析与课程设置

在进行培训课程设计之前，必须对员工的岗位需求和培训目标进行全面的需求分析，以确保培训课程的针对性和有效性。

（1）需求分析

需求分析阶段包括以下三个步骤。

① 调查员工的现有知识和技能水平，了解他们在跨境电商领域的基础知识和经验。

② 收集员工和企业的培训需求和期望，包括对于课程内容、形式和时间安排的建议和意见。

③ 调查行业的发展趋势和最新技术，了解跨境电商领域的热点和挑战，以便调整培训内容和重点。

（2）课程设置

基于需求分析的结果，设计涵盖以下四个方面的培训课程。

① 跨境贸易政策解读：介绍国际贸易的基本原理和跨境贸易政策，包括关税、进出口流程、贸易协定等内容。

② 国际市场营销策略：讲解国际市场营销的理论和实践，包括市场调研、品牌建设、营销策略制定等内容。

③ 电商平台运营：介绍电子商务平台的运营管理和技术应用，包括网站建设、产品上架、订单处理等方面的操作技能。

④ 跨境支付与物流管理：探讨跨境支付方式和物流运输的管理方法，包括支付安全、汇款流程、货物运输等内容。

2.课程内容设计

培训课程的内容设计应结合跨境电商行业的特点和需求，确保内容系统、实用且能够满足学员的学习需求。

（1）系统性内容设计

理论知识讲解：对每个课程模块的理论知识进行系统讲解，包括相关概念、原理和最新进展。

实践案例分析：通过真实案例分析，帮助学员将理论知识与实际情况相结合，更好地理解和应用所学内容。

知识检测与评估：设置课程作业、测验或项目，定期检测学员的学习效果，促进知识的巩固和应用。

（2）实用性内容设计

操作技能培训：针对电商平台操作、支付流程和物流管理等实际操作，进行具体的技能培训，让学员掌握操作技巧。

实践演练环节：安排实际操作演练环节，让学员亲自动手操作，加深对课程内容的理解和掌握。

解决问题的方法：培训学员解决实际问题的方法和思路，提高他们的解决问题能力和应变能力。

（二）专业讲师团队

在职培训需要建立专业讲师团队，由来自学术界和业界的专家学者以及实践经验丰富的从业人员组成。这样的团队可以保证培训内容的权威性和实用性，增强培训效果，帮助学员深入理解跨境电商领域的核心知识和最新趋势。

1. 专家学者

在职培训的专业讲师团队中，专家学者担任着至关重要的角色。他们具有丰富的学术研究背景和深厚的理论功底，能够为学员提供系统的理论支持和行业前沿的见解。

（1）理论支持

专家学者通过深入的学术研究和对行业发展趋势的分析，为在职培训提供理论支持。他们能够解读跨境电商领域的相关理论框架，帮助学员建立起系统的理论基础。

（2）行业前沿见解

专家学者不仅具有广泛的学术视野，还能够洞察行业的最新动态和发展趋势。他们通过对市场变化和技术创新的分析，为学员提供行业前沿的见解，帮助他们了解行业的最新发展动态。

2. 实践从业者

除了专家学者，实践从业者也是专业讲师团队不可或缺的一部分。他们拥有丰富的行业经验和实践技能，能够将理论知识与实际工作相结合，为学员提供丰富的案例分析和实战经验。

（1）案例分析

实践从业者通过分享自己的工作经历和项目案例，为学员提供真实、生动的案例分析。这些案例不仅能够帮助学员理解理论知识的应用，还能够启发他们解决实际工作中遇到的问题。

（2）实战经验

实践从业者能够分享自己在跨境电商领域的实战经验，包括市场营销策略、电商平台运营和国际贸易实务等方面。这些实战经验能够为学员提供宝贵的参考，帮助他们更好地应对实际工作中的挑战和问题。

（三）实践案例分析

在培训过程中，实践案例分析是必不可少的教学方法之一。通过结合实际案例进行分析和讨论，可以让学员战加深对理论知识的理解，并掌握解决实际问题的能力。

1. 选择合适的案例

在实践案例的选择上，应该注意以下几点：

（1）学员背景和培训内容

考虑学员的背景和培训内容，选择与学员实际工作经验和所学课程相关的案例。例如，对于具有一定工作经验的学员，可以选择涉及复杂商业环境和战略决策的案例；对于新手学员，则可以选择更基础、易于理解的案例。

（2）实际工作的代表性

选择具有代表性的案例，能够涵盖跨境电商运营中的各个方面，包括市场营销、国际贸易、物流管理、支付结算等。这样可以让学员全面了解跨境电商的运作模式和挑战。

2. 强调实践性和应用性

在进行案例分析时，应该注重以下几点：

（1）案例真实性

选择真实的业务案例，让学员能够从中了解真实的商业环境和运作情况。通过真实案例的分析，学员可以更加直观地理解理论知识的应用。

（2）案例的实践性和应用性

在案例分析中，应该重点关注案例的实践性和应用性。通过讨论案例，引导学员分析问题、制定解决方案，并探讨实际操作中可能遇到的挑战和应对策略。这样可以培养学员的实践能力和解决问题的能力。

二、高校人才培养模式

跨境电商行业的快速发展使得在职培训成为提升专业素养的重要途径。以下将就培训课程设计、专业讲师团队和实践案例分析等方面展开讨论，以揭示该模式的有效性和必要性（见图7-3）。

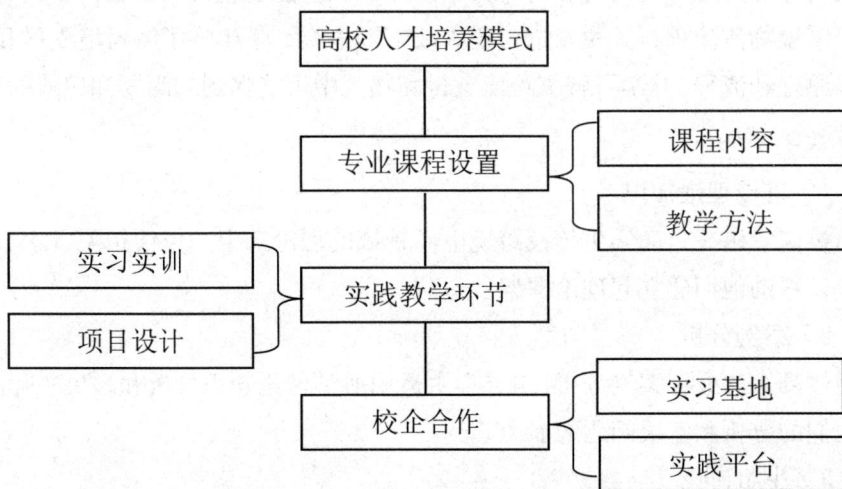

图 7-3 高校人才培养模式架构图

（一）专业课程设置

高校人才培养模式通过开设跨境电商专业课程，旨在为学生提供系统的跨境电商教育，使其全面掌握该领域所需的知识和技能。

1.课程内容

（1）跨境贸易理论

这门课程旨在让学生了解跨境贸易的基本原理和国际贸易体系，包括贸易政策、贸易协定、关税制度等内容。学生将学习到国际贸易的发展历程、现状和趋势，为后续学习和实践奠定坚实基础。

（2）国际市场营销策略

这门课程涉及国际市场营销的基本概念、理论和方法，包括市场分析、目标市场选择、定价策略、推广策略等内容。学生将学习如何制定和执行适合国际市场的营销策略，以提高企业在国际市场的竞争力。

（3）电商平台开发与运营

本课程主要介绍电子商务平台的开发、设计和运营管理，包括网站建设、用户体验设计、产品推广、客户服务等方面内容。学生将学习如何利用互联网技术和电商平台实现产品销售和服务提供，以及如何提升电商平台的运营效率和用户体验。

（4）跨境支付与物流

这门课程涵盖跨境支付和物流方面的知识和技能，包括国际支付方式、支付安全、跨境物流流程、关税及进口税收政策等内容。学生将了解跨境支付和物流的基本原理和流程，并学习解决跨境支付和物流中可能遇到的问题和挑战的方法。

2.教学方法

（1）讲授理论知识

通过课堂讲授，向学生传授跨境电商领域的理论知识，包括相关概念、原理和方法，帮助他们建立起理论框架。

（2）案例分析

通过真实的业务案例分析，引导学生运用所学理论知识分析和解决实际问题，培养他们的分析和解决问题的能力。

（3）小组讨论

组织学生进行小组讨论，让他们共同探讨和解决跨境电商领域的问题，培养他们的团队合作和沟通能力。

（4）实验实践

通过实验操作和实践项目，让学生亲自参与跨境电商业务的实际操作，加深他们对课程内容的理解，并提升他们的实践能力。

（二）实践教学环节

高校人才培养模式应注重设置实践教学环节，以提升学生的实践能力和解决问题的能力。

1.实习实训

（1）组织实习活动

学校可以与跨境电商企业合作，组织学生进行实习活动。学生将有机会在真实的工作环境中，参与到企业的日常运营和项目实施中，了解行业的实际情况和工作流程。

（2）学生收获

通过实习实训，学生可以将理论与实践相结合，提升自己的实践能力和专业素养。他们可以在实践中学习到如何处理工作中的挑战和问题，并从中获得经验和教训。

2. 项目设计

（1）跨境电商项目设计

学校可以组织学生围绕跨境电商领域的实际问题进行项目设计。通过小组合作，学生可以选择并设计一个跨境电商项目，并在指导老师的指导下，逐步实施和完成项目。

（2）学生收获

通过参与项目设计，学生可以锻炼团队合作能力、创新意识和解决问题的能力。他们将学会如何规划和管理一个项目，如何解决项目实施中的各种挑战，并在实践中提升自己的综合能力。

（三）校企合作

高校可以与跨境电商企业开展校企合作，建立实习基地和实践平台，为学生提供更多的实践机会和就业岗位。

1. 实习基地

（1）建立实习基地

高校与跨境电商企业可以合作建立实习基地，提供给学生真实的工作环境和实践机会。这些实习基地可以设立于企业内部，也可以是专门为学生设置的实习场所，让学生在其中参与企业的日常运营和项目实施。

（2）学生收获

学生在实习基地中可以应用课堂所学的知识，通过实践来加深对理论的理解，并且了解实际工作中可能面临的挑战和解决方法。这种实践经验对于学生未来的就业和职业发展具有重要意义。

2. 实践平台

（1）建立实践平台

除了实习基地外，高校还可以与企业合作建立实践平台，为学生提供跨境电商项目实践和实习机会。这些实践平台可以是虚拟的在线平台，也可以是实体的实践场所，让学生在其中进行项目实施和实践操作。

（2）学生收获

通过参与实践平台的活动，学生可以进一步提升自己的实践能力和解决问题的能力。他们可以通过与企业合作，了解到行业最新的发展动态和实践经验，为将来的就业做好准备，并提高自己在跨境电商领域的竞争力。

第三节 团队建设在跨境电子商务企业中的重要性

团队建设在跨境电子商务企业中的重要性不可低估，它直接影响到企业的运作效率、创新能力以及长期发展。

一、团队构建与管理

（一）人才招聘与选拔

在跨境电子商务企业中，人才招聘是确保团队构建成功的第一步。企业需要招募具有相关专业技能和经验的人才，以确保团队能够胜任所面对的挑战。招聘过程应该注重面试、测试和背景调查等环节，确保招聘的人员能够与企业的文化和价值观相契合。

1. 需求分析与岗位描述

（1）确定招聘需求

在跨境电子商务企业中，确定招聘需求是人才招聘过程的首要步骤。企业需要仔细分析团队的人员结构，以及未来业务发展的需求，明确需要招聘的岗位和数量。

（2）职责和要求描述

对于每个招聘岗位，企业需要确定清晰明确的职责和要求描述。这包括工作职责、所需技能、学历背景等方面的要求。例如，在招聘跨境电商平台运营专员时，职责描述可能包括负责平台日常运营管理、产品上架和促销活动执行等；要求描述可能包括具备良好的沟通能力、熟悉跨境电商行业规则等。

2. 面试和评估

（1）设计面试流程

针对每个岗位，企业需要设计合适的面试流程。这包括确定面试环节、面试形式以及评估标准等。例如，可以设置初试和复试环节，初试主要评估基本素质和技能，复试则着重考察应聘者的专业能力和适应能力。

（2）技能测试和案例分析

除了传统的面试外，技能测试和案例分析是评估候选人能力的重要手段。技能测试可以通过笔试或在线测试等形式，考察应聘者的专业知识和操作技能；案例分析则可以模拟实际工作场景，评估应聘者的解决问题能力和创新思维。

3. 背景调查和参考核查

（1）确认信息真实性

对于通过面试的候选人，企业需要进行背景调查和参考核查，以确保其简历中所述的经历和能力真实可靠。这包括联系之前的雇主、同事或导师等人，核实应聘者的工作经历、业绩表现等信息。

（2）综合评估候选人

招聘团队应通过综合考虑面试表现、技能测试结果以及背景调查信息，对候选人进行全面评估。这有助于确保最终招聘的人员能够与企业的文化和团队氛围相契合，并胜任所担任的岗位。

（二）团队目标与规划

明确的团队目标和规划是团队构建的重要基础，它为团队成员提供了明确的方向和目标。在制定团队目标和规划时，需要考虑企业的战略规划和市场需求，确保团队的工作与企业的整体发展方向相符。

1. 战略规划与目标设定

（1）确立与企业战略一致的团队目标

团队目标应当与企业的战略规划相一致，以确保团队的工作与企业整体发展方向相符。在确定团队目标时，需要考虑企业的使命、愿景和价值观，将团队目标与企业的长期发展目标相匹配。

（2）制定可量化的指标和时间节点

团队目标应当具有可量化的指标和时间节点，以便评估团队的绩效和进展。这些指标可以是销售额、市场份额、客户满意度等方面的具体数值，配合明确的时间节点，有助于激励团队成员共同努力，推动目标的实现。

2. 任务分解与工作规划

（1）将整体目标分解为具体任务

将整体目标分解为具体的任务和工作计划，有助于明确每个团队成员的工作职责和目标。任务分解应当根据团队成员的能力和专业背景，合理分配工作量和资源，确保任务的顺利完成。

（2）确定任务优先级和依赖关系

在任务分解的过程中，需要根据任务的重要性和紧急程度确定其优先级，确保团队能够有序地推进工作。同时，还需考虑任务之间的依赖关系，合理安排工作进度，避免出现任务延误或阻塞。

（3）制定详细的工作计划

制定详细的工作计划，包括任务分配、工作进度、资源调配等内容，有助于团队成员清晰了解自己的工作目标和责任，提高工作效率和质量。工作计划应当具体可行，并考虑到各种可能的风险和变化。

（三）团队管理与激励机制

团队管理是确保团队协调运作和高效执行的关键。激励机制则是激发团队成员工作积极性和创造力的重要手段。

1. 沟通与协调

（1）建立有效的沟通机制

在团队管理中，建立有效的沟通机制是至关重要的。团队成员之间的有效沟通能够促进信息的及时传递和共享，有助于团队协调运作。

① 定期会议

定期召开团队会议是一种常见的沟通方式。会议可以讨论项目进展、问题解决方案、工作分配等事项，提高团队成员之间的了解和配合度。

② 沟通平台

除了面对面的会议，还可以利用现代化的沟通平台，如 Slack、Microsoft Teams 等，建立在线沟通渠道。这些平台可以提供实时交流和信息共享的便利，有助于加强团队成员之间的沟通和协作。

（2）促进团队合作

良好的沟通有助于促进团队成员之间的合作。通过建立合作性的工作氛围和团队文化，鼓励团队成员互相支持、相互帮助，共同完成团队目标。

① 团队建设活动

定期举办团队建设活动是促进团队合作的有效方式。这些活动可以是团队拓展训练、团队 outing、团队游戏等，有助于增进团队成员之间的信任和默契。

② 跨部门协作

在跨境电子商务企业中，各个部门之间的协作尤为重要。通过建立跨部门的沟通和协作机制，促进各部门之间的信息共享和资源整合，实现协同工作，提升整体业务效率。

2. 激励与奖励

（1）设立绩效奖励制度

绩效奖励制度是激励团队成员积极工作的有效手段。通过设立奖金、提成或其他形式的奖励，表彰和激励那些表现优秀的团队成员，鼓励他们持续努力和创新。

① 绩效评估

建立科学的绩效评估体系，对团队成员的工作表现进行客观评价。评估内容可以包括工作质量、工作效率、团队合作等方面，以便确定奖励对象。

② 奖励形式

奖励形式可以灵活多样，可以是一次性奖金、晋升机会、员工福利等。根据不同的情况和个人偏好，设立相应的奖励机制，激励团队成员更好地发挥自己的潜力和能力。

（2）提供发展机会

除了物质奖励外，提供发展机会也是一种重要的激励手段。通过为团队成员提供持续的培训和发展机会，帮助他们提升专业能力和职业素养，实现个人成长和职业发展。

① 内部培训

企业可以组织内部培训，针对团队成员的专业技能和岗位需求，开展相关培训课程和讲座。这有助于团队成员不断提升自身能力，适应企业发展的需要。

② 外部培训

此外，企业还可以支持团队成员参加外部培训和行业会议，拓宽视野，学习最新的行业知识和技术，提高个人竞争力和创新能力。

（四）评价与反馈机制

建立科学的评价体系能够客观地评估团队成员的工作表现，为团队管理提供依据和参考。

1. 绩效考核与评价

（1）定期绩效考核

定期进行绩效考核是评价团队成员工作表现的重要手段之一。通过设立考核周期，例如每季度或每半年进行一次绩效评估，可以及时发现团队成员的工作表现和问题，并采取相应的改进措施。

① 评价内容

绩效考核的评价内容应当包括工作质量、工作效率、团队合作等方面。可以根据具体岗位的要求和团队目标设定具体的考核指标，以客观评估团队成员的绩效水平。

② 评价标准

建立清晰明确的评价标准，帮助评价者和被评价者对绩效评价进行准确理解和评估。评价标准可以根据不同岗位的职责和要求制定，确保评价的公平性和准确性。

（2）及时反馈与改进

绩效考核不仅是对团队成员工作表现的评价，更是发现问题和改进的机会。及时给予团队成员反馈，并提出具体的改进建议，有助于促进个人和团队的成长和进步。

① 个人反馈会议

定期组织个人反馈会议，与团队成员一对一地讨论绩效评价结果和改进计划。在会议中，可以针对团队成员的优点和不足进行具体的讨论，并制订个人发展计划和目标。

② 团队改进计划

根据绩效评价结果，制订团队改进计划，解决团队在工作中存在的问题和障碍。团队成员可以共同参与制订改进计划，并负责实施和跟进，以提升整个团队的绩效水平。

2.360 度反馈机制

（1）收集多方反馈意见

采用 360 度反馈机制，可以收集来自上级、同事、下属等多方的反馈意见，为团队成员提供全面的评价和改进建议。这有助于发现团队成员的潜在问题和发展空间，促进个人和团队的共同成长。

① 匿名反馈调查

通过匿名的反馈调查问卷收集来自各方的意见和建议，保证评价的客观性和公正性。团队成员可以自由表达对其他成员的观点和看法，有助于发现问题和改进的机会。

② 面对面反馈

除了匿名调查外，还可以组织面对面的反馈会议，让团队成员直接交流和沟通。这种直接的反馈方式可以更深入地了解他人的观点和反馈，有助于建立更加有效的沟通和信任。

（2）分析与总结

收集到的多方反馈意见需要进行系统分析和总结，以便确定个人的发展方向和改进计划。通过对反馈意见的综合分析，可以发现团队成员的优势和不足，并提出具体的改进建议。

① 制订个人发展计划

根据 360 度反馈结果，制订个人发展计划，帮助团队成员提升个人能力和职业素养。个人发展计划应当具体可行，包括明确的目标和行动计划，以实现个人和团队的共同成长。

② 总结团队改进措施

根据 360 度反馈结果，总结团队的改进措施和建议，制订具体的团队改进计划。这包括制订团队培训计划、优化工作流程、改进团队沟通等方面，以提升整个团队的绩效水平。

二、团队协作与创新

（一）开放式工作氛围与信息共享

建立开放式的工作氛围，鼓励团队成员分享想法和经验，是促进团队创新的重要途径。

1. 鼓励沟通与交流

（1）定期团队会议

定期召开团队会议是鼓励团队成员之间沟通和交流的有效方式之一。在会议上，团队成员可以分享工作经验、项目进展和遇到的问题，促进团队协作和合作。

① 议程规划

制定会议议程，明确会议的主题和议题，保障会议内容紧密相关，有针对性。议程可以包括项目进展报告、工作重点讨论、问题解决方案等内容。

② 参与鼓励

鼓励团队成员参与会议，提出自己的观点和建议，分享工作中的心得体会。通过给予每个成员充分的发言机会，促进团队成员之间的交流和互动，增强团队凝聚力。

（2）项目讨论和协作

① 开展项目讨论

除了定期会议外，还可以安排专门的项目讨论会，针对具体项目进行深入探讨和讨论。在项目讨论会上，团队成员可以分享项目进展、遇到的困难和解决方案，共同探讨项目的优化和改进措施。

② 跨部门合作

在跨境电子商务企业中，通常涉及多个部门的协作。因此，鼓励团队成员跨部门合作，促进信息共享和资源整合，有助于提升团队的综合协作能力和工作效率。

2. 建立信息共享平台

（1）内部知识分享平台

建立内部知识分享平台，为团队成员提供分享和获取信息的便捷渠道。这可以是内部论坛、企业内部社交平台等形式，团队成员可以在平台上发布自己的见解、经验和学习心得，与他人进行交流和讨论。

① 知识库建设

建立完善的知识库，整理和归纳团队成员的知识和经验，形成可供参考的知识资源。团队成员可以根据需要随时查阅，提高工作效率和质量。

② 专题分享活动

定期举办专题分享活动，邀请团队成员分享自己的专业知识和经验。这可以是线上或线下的形式，通过讲座、研讨会等方式，促进团队成员之间的交流和学习，推动团队创新和发展。

（2）在线协作工具

① 利用协作工具

利用现代化的在线协作工具，如 Microsoft Teams、Slack 等，建立团队内部的信息共享和协作平台。这些工具提供了实时的沟通和协作功能，有助于团队成员之间的即时交流和合作。

② 文件共享和编辑

在在线协作工具上，团队成员可以方便地共享和编辑文件，实现多人协作和版本管理。这样可以避免文件传输和保存的烦琐，提高工作效率和协作效果。

（二）合作与协作机制

1. 团队项目管理

项目计划制订包括项目目标设定和任务分解与优先级确定。其一，需要明确项目的整体目标和预期成果。项目目标应当具体、可衡量，以指导团队成员的工作方向和努力目标。其二，将整个项目分解为具体的任务和子任务，并确定它们的优先级和执行顺序，以合理安排团队成员的工作，提高工作效率和质量。

任务分配与进度跟踪是项目管理的关键环节。根据团队成员的能力和专业背景，合理分配任务，明确责任人和完成期限，确保每个团队成员都清楚自己的任务和目标，有助于项目的顺利进行。定期跟踪项目进度，及时发现问题和风险，并采取相应的措施进行解决。通过制定项目进度表和举行项目进展会议等方式，确保项目按计划进行。

2. 跨部门协作

建立跨部门工作组是实现有效跨部门协作的基础。通过汇集来自不同部门的专业人才，共同参与项目的规划和执行，可以充分利用各部门的资源和优势，实现优势互补和协同作战。此外，跨部门工作组需要建立有效的协调和沟通机制，确保各部门之间的信息共享和协作顺畅。定期召开跨部门会议和建立在线协作平台等方式，能够促进跨部门之间的沟通和合作。

共享资源与优势互补是跨部门协作的重要环节。通过跨部门协作，实现资源的共享和整合，可以提高资源利用效率和项目执行效果。各部门共同利用设备、人力、资金等资源，能够降低项目成本和风险。同时，各部门拥有不同的专业知识和技能，通过跨部门协作，可以实现优势互补，弥补各自的不足，提升整个团队的综合实力和竞争力，从而促进项目的顺利进行和最终成功。

（三）创新激励与支持机制

1. 创新奖励制度

（1）设立创新奖励制度

① 物质奖励

设立物质奖励，如奖金、礼品等，作为对创新项目的激励。这种奖励形式能够直接满足团队成员的实际需求，增强其参与创新的积极性。

② 荣誉奖励

除了物质奖励外，还可以设立荣誉奖励，如优秀创新员工奖、创新团队奖等。荣誉奖励能够提升团队成员的个人形象和团队凝聚力，激发其持续创新的动力。

（2）激励效果评估

① 奖励评定标准

制定清晰明确的奖励评定标准，根据创新项目的成果、影响力和实际贡献等方面进行评估。这有助于确保奖励的公平性和客观性，激发团队成员的积极性和创造力。

② 持续优化机制

定期评估和总结创新奖励制度的实施效果，及时发现问题并进行调整和优化。这包括奖励标准的更新、奖励形式的多样化等方面，以不断提升奖励机制的激励效果和吸引力。

2.创新孵化平台

（1）建立创新孵化平台

① 内部创新大赛

定期举办内部创新大赛，为团队成员提供展示和实践创新想法的平台。通过比赛形式，激发团队成员的创新热情，鼓励其积极参与创新活动，推动创新项目的形成和落地。

② 创业加速器

建立创业加速器，为团队成员提供创业支持和资源，帮助他们将创新想法转化为实际项目。创业加速器可以提供导师指导、投资渠道、市场推广等支持，加速创新项目的孵化和发展。

（2）提供支持和资源

① 创新资源整合

整合企业内部和外部的创新资源，为团队成员提供支持和帮助。这包括技术支持、市场资源、资金投入等方面，为创新项目的实施提供保障和支持。

② 项目孵化服务

提供项目孵化服务，包括项目管理、法律咨询、市场推广等方面的支持。这有助于团队成员专注于创新项目的核心内容，减少外部环境对项目实施的干扰和影响。

（四）团队学习与发展

1.持续学习与培训

（1）鼓励团队成员进行持续学习和专业培训

① 定期内部培训

定期组织内部培训活动，针对团队成员的不同需求和专业背景，提供针对性地培训课程。这些培训可以涵盖行业知识、技术应用、管理技能等方面，帮助团队成员不断提升自身能力。

② 外部培训和研讨会

鼓励团队成员参加外部培训和行业研讨会，获取最新的行业信息和发展趋势。外部培训可以是行业协会组织的培训班、专业认证考试等，帮助团队成员保持与行业前沿的接轨。

（2）提升专业能力和行业素养

① 在线学习资源

为团队成员提供在线学习资源，如网络课程、电子书籍、学术论文等。这些资源具有灵活性和便捷性，可以根据个人的时间和兴趣进行学习，提升专业能力和行业素养。

② 个性化学习计划

根据团队成员的个人发展需求和职业规划，制定个性化的学习计划。这包括确定学习目标、选择学习资源、制定学习时间表等，帮助团队成员有针对性地提升自己的专业能力和行业素养。

2. 知识分享与传承

（1）建立知识分享和传承机制

① 内部培训与团队分享会

定期举办内部培训和团队分享会，为团队成员提供分享和交流的平台。团队成员可以分享自己的工作经验、项目案例、行业见解等内容，促进知识的共享和传承。

② 导师制度

建立导师制度，由资深成员担任导师，指导和培养新人。通过与导师的交流和学习，新人可以快速适应工作环境，提高工作效率和质量。

（2）促进团队整体水平的提升

① 成功案例分享

分享成功案例和最佳实践，激发团队成员的学习热情和工作动力。成功案例分享可以是项目总结、经验交流会等形式，为团队成员提供学习借鉴和提升空间。

② 行业趋势分析

定期进行行业趋势分析和市场研究，为团队成员提供最新的行业信息和发展动向。这有助于团队成员及时了解市场变化，调整工作方向和策略，保持竞争优势。

第八章 跨境电子商务风险管理研究

第一节 跨境电商市场风险分析

一、市场竞争风险

（一）市场饱和度

市场饱和度指的是市场上供应与需求之间的平衡状态，随着跨境电商市场的迅速扩张，市场饱和度逐渐增加，带来了以下几个方面的风险：

1. 市场份额争夺

随着市场竞争日益激烈，企业之间争夺市场份额成为常态。在市场饱和度增加的情况下，现有企业和新进入者都面临着竞争压力和挑战。对于现有的市场巨头企业来说，他们往往拥有较大的市场份额和强大的品牌影响力，这使得他们能够通过规模优势和广泛的市场推广来维持自身的竞争地位。这些巨头企业通常已经建立了庞大的客户基础，拥有完善的供应链和分销网络，以及丰富的品牌资产，这些优势使得他们在市场中占据着主导地位。

对于新进入者而言，他们面临着挑战和机遇并存。尽管新进入者可能带来创新、新技术和新产品，但他们也需要克服种种障碍才能在竞争激烈的市场中立足。首先，新进入者需要面对巨头企业的强大竞争压力，这可能来自对手的品牌知名度、市场份额，以及资金实力等方面的优势。因此，新进入者必须投入更多的资源和精力来争取到足够的市场份额。

除了巨头企业之外，新进入者还需要面对市场上其他竞争对手的竞争。这些竞争对手可能是提供相似产品或服务的企业，他们也在努力争夺市场份额，加剧了市场竞争的激烈程度。因此，新进入者需要制定差异化的市场策略，寻找并抓住市场上的空白点和机遇，以便在竞争中脱颖而出。

2. 销售额和利润空间受挤压

随着市场竞争的加剧和市场饱和度的增加，使得企业间的价格竞争不断升级，导致产品供应过剩现象日益突出。为了争夺市场份额，企业采取了价格竞争策略，导致产品价格不断被压低。这种激烈的价格战直接导致企业的销售额和利润空间受到极大的挤压。

这种局面对各类企业都构成了巨大的挑战，尤其是中小型企业。由于缺乏大型企业的规模优势和资金实力，中小型企业难以承受价格战带来的巨大压力。此外，由于供应链和生产技术等方面的相对薄弱，中小型企业在成本控制上不如大型企业灵活，因此更容易受到价格下降的冲击。

销售额和利润空间的不断被挤压，使得中小型企业面临严重的盈利困境。为了应对压力，他们可能不得不削减成本、裁员减员，甚至被迫退出市场，导致企业关闭。这不仅威胁到企业自身的发展，还可能对就业和经济发展产生负面影响。

价格战还对整个行业产生连锁反应，导致市场的整体价格水平下降，从而降低整个行业的盈利水平。过度的价格竞争可能导致产品质量和服务水平的下降，最终损害整个市场的声誉和可持续发展。

3. 新产品和服务难以突围

随着市场竞争的激烈和市场饱和度的增加，新产品和服务面临着巨大的挑战和压力。市场上已经存在大量类似的产品和服务，这使得新产品和服务难以突围，需要面对更为激烈的竞争环境。

在市场饱和度增加的情况下，消费者的选择空间变得更加有限，他们更倾向于选择已经被市场验证和认可的产品和服务，而对于新产品和服务则持有观望态度。这给企业带来了更大的竞争压力，要想脱颖而出，企业需要具备强大的创新能力和市场洞察力。

首先，企业需要不断创新，推出具有竞争优势的新产品和服务。通过不断地研发和创新，提升产品的品质、功能和体验，满足消费者不断变化的需求，从而在激烈的市场竞争中脱颖而出。

其次，企业需要加强市场洞察和分析，了解消费者的需求和偏好，抓住市场的变化和趋势，及时调整产品策略和营销策略，以确保新产品和服务能够与市场需求相匹配。

企业还需要加大在市场营销和品牌建设方面的投入，提升新产品和服务的曝光度和认知度。通过广告宣传、促销活动、线上线下渠道的整合等手段，提升产品的知名度和美誉度，吸引更多的消费者关注和购买。

（二）价格战

价格战是跨境电商市场竞争中常见的一种竞争策略，但过度的价格战可能带来以下风险：

1. 利润率下降

为了吸引更多消费者，企业可能采取不断降低产品价格的策略，导致产品的销售价格逐渐接近成本价格，利润率不断下降。长期的价格战会影响企业的盈利能力，甚至可能导致亏损。企业应当审慎考虑降价策略，避免陷入利润率持续下降的恶性循环。

2. 品牌形象受损

价格战可能会降低产品的品牌价值和市场地位，消费者可能会认为产品质量低劣或品牌信誉不佳而选择其他竞争对手的产品。企业需要注意平衡价格和品牌形象之间的关系，避免因价格竞争而损害品牌价值。维护良好的品牌形象对企业的长远发展至关重要。

3. 行业价格垄断的风险

过度的价格竞争可能会导致行业价格垄断的风险，部分企业通过降低产品价格排挤竞争对手，最终控制市场并操纵产品价格。这种行为不利于行业的健康发展，也会限制消费者的选择权和利益。因此，监管机构应当加强对市场的监管，防止价格垄断行为的发生，维护市场的公平竞争环境。

二、政策环境风险

（一）跨境贸易政策变化

跨境贸易政策的不断变化对跨境电商企业经营活动产生了重大影响，主要体现在以下几个方面：

1. 进出口关税变化

不同国家和地区的贸易政策调整可能导致进出口关税的变化。关税调整直接影响跨境电商企业的进口成本，进而影响产品的售价和市场竞争力。企业需要及时了解各国家和地区的关税政策变化，调整产品定价和供应链策略，以应对关税变化带来的成本压力。

2. 税收政策调整

跨境电商企业在进行国际贸易时需要缴纳相应的税费，税收政策的调整可能对企业的盈利模式和税负产生影响。例如，税率的调整、税收征管政策的变化等都会影响企业的经营成本和税务合规风险。税收政策的不确定性增加了企业的财务风险和企业的经营成本，因此企业需要及时了解和应对税收政策的变化。

3. 货币政策变化

不同国家和地区的货币政策可能会产生波动，导致跨境电商企业在结算货款、汇兑等方面面临更大的不确定性。货币政策的变化可能对企业的资金流动性和汇率风险产生影响。企业需要加强对货币政策变化的监测和分析，采取有效的汇率风险管理措施，以降低汇率波动带来的不利影响。

（二）税收政策风险

税收政策的调整对跨境电商企业的经营活动产生重要影响，主要体现在以下几个方面：

1. 利润率受影响

税收政策的调整可能导致企业的利润率发生变化。例如，税率的提高会增加企业的成本，从而降低企业的利润率；而税率的降低则可能提升企业的利润率。税收政策的变化直接影响企业的盈利能力，需要企业及时调整成本结构和定价策略，以维持利润水平。

2. 财务风险增加

税收政策的不确定性会增加企业的财务风险。企业需要根据税收政策的变化及时调整经营策略，以适应新的税收环境。未能及时应对税收政策变化可能导致企业利润下降，甚至出现亏损，增加了企业的财务压力。

3. 税务合规压力增加

税收政策的调整可能会增加企业的税务合规压力。企业需要及时了解和遵守新的税收法规，确保企业的经营活动符合法律法规的要求。税务合规性的不达标可能会导致企业面临罚款、处罚甚至经营停摆的风险，对企业的经营造成严重影响。

第二节　跨境电商交易安全保障

一、海关合规

跨境电商涉及跨国贸易，海关合规是确保交易安全的重要一环，主要包括以下方面：

（一）进出口商品合规性

跨境电商企业在进行进出口贸易时，必须严格遵守目的国家和地区的相关法规和标准，确保所进出口的商品合规性。这涉及以下方面：

1.产品质量要求

（1）材料选择与来源

跨境电商企业在选择产品材料时，必须确保符合目的国家和地区的相关标准。这包括材料的原产地、生产过程中可能涉及的化学物质、重金属等有害物质的限制等。举例来说，欧盟对于食品包装材料中的塑料化合物有严格限制，企业需要确保产品材料符合 EU 10/2011 标准。

（2）制造工艺与生产环境

除了材料选择外，生产工艺也必须符合目的国家和地区的要求。例如，一些国家对于特定类型的产品可能有严格的生产环境要求，比如医疗器械或食品加工厂等。企业需确保生产过程中的卫生条件、工艺流程等符合相关标准。

2.标识要求

（1）清晰与准确性

商品标识在跨境贸易中扮演着关键的角色，它不仅是消费者识别产品的重要依据，也是海关审核的重要参考依据之一。因此，企业必须确保商品标识清晰、准确，避免模糊不清或错误的标识带来的问题。

（2）完整与规范

标识信息应当包括完整的产品信息，涵盖产品名称、规格、产地、成分、生产日期、有效期等必要信息。此外，标识还应符合目的国家和地区的标识法规要求，如字体大小、语言要求、标识位置等。

3. 禁限品规定

（1）禁止出口的物品

不同国家和地区对于禁止出口的物品有明确规定，这可能涵盖了从危险品到文化遗产等多个领域。企业在进行进出口贸易时必须了解并遵守相关规定，避免因此触犯法律法规。

（2）限制出口的物品

除了禁止出口的物品外，一些国家还对特定类型的产品设置了出口限制。这可能涉及技术性物品、文化产品等。企业需要仔细了解目的国家和地区的相关规定，确保所出口的商品不受限制或需要特别许可证。

（二）报关和清关手续

报关和清关手续是跨境电商企业进行进出口贸易不可或缺的环节，它直接影响着商品顺利通过海关检查和放行，具体包括以下内容：

1. 报关流程

跨境电商企业进行进出口贸易时，报关流程是确保商品顺利通过海关检查和放行的关键环节。具体步骤包括：

（1）准备报关资料

企业需要准备完整的报关资料，包括但不限于商品清单、发票、装箱单、运输方式和费用等信息。这些资料需要按照目的国家和地区的法规要求进行准备，确保准确无误。

（2）提交报关申请

在商品出口前，企业需要向海关提交报关申请，并提供完整的报关资料。海关会对提交的资料进行审核和核准，确保商品的合法性和真实性。

（3）海关审核和核准

海关在收到报关申请后，会对提交的报关资料进行审核和核准。如果资料完整、合规，海关会及时核准并发放报关单据；如果存在问题或不足，海关可能会要求企业补充或修改资料。

2. 清关手续

一旦商品到达目的国家或地区的海关，企业需要按照规定进行清关手续办理，以确保商品顺利放行。具体流程包括：

（1）缴纳关税和费用

企业需要根据目的国家或地区的相关法规，缴纳相应的关税和其他费用。这些费用可能包括进口关税、增值税、消费税等，企业需要按时足额缴纳，以避免因未缴纳费用而导致的清关延误。

（2）办理清关手续

企业需要按照海关要求，填写并提交清关申请表格，并提供相关的清关证明和单据。海关会对提交的申请进行审查，并进行商品检查和清点。

3. 接受海关检查

海关可能会对部分或全部商品进行检查，以确保其符合进口国家或地区的相关法规和标准。企业需要配合海关的检查工作，并提供必要的协助和支持。

二、消费者权益保护

跨境电商交易涉及不同国家和地区的消费者权益保护法规，保障消费者的权益是确保交易安全的重要保障措施，具体包括以下方面：

（一）遵守消费者权益保护法规

跨境电商企业在开展业务时，必须严格遵守各国和地区的消费者权益保护法规，以保障消费者的合法权益。具体措施包括：

1. 了解法规要求

（1）消费者权益保护法规概述

了解各国和地区的消费者权益保护法规是跨境电商企业必不可少的基础工作。这些法规可能涉及退换货政策、产品质量标准、广告法规、违约责任等多个方面。例如，《美国消费者金融保护法》《欧盟消费者权益保护指令》等。

（2）退换货政策要求

针对不同国家和地区的法规要求，企业需要了解各自的退换货政策，包括退货条件、退货期限、退款方式等。如欧盟规定消费者享有 14 天内无理由退货的权利。

2. 建立合规制度和流程

（1）退换货流程建立

企业应建立明确的退换货制度，包括退货申请流程、审核标准、退款流程等。制度应充分考虑目的国家和地区的法规要求，确保消费者的合法权益得到保障。

（2）投诉处理机制建立

建立健全的投诉处理机制，明确投诉受理渠道、处理时限和责任人员等。及时响应消费者的投诉，并采取有效措施解决问题，以维护企业形象和消费者信任。

3. 加强内部培训和监督

（1）内部培训计划

定期开展消费者权益保护法规的培训，包括法规要求、企业制度流程、案例分析等内容。培训旨在提升员工对法规的认识和理解，增强其服务意识和责任感。

（2）监督和检查机制

建立内部监督机制，对员工的行为进行监督和检查，确保制度的有效执行。监督可以通过定期抽查、客户反馈评估等方式进行，及时发现问题并采取纠正措施。

（二）提供合法合规的产品和服务

为了保障消费者的合法权益，跨境电商企业需要提供合法合规的产品和服务，采取以下措施：

1. 商品质量保证

（1）供应商资质审查

企业应建立供应商审核制度，对合作供应商进行资质审查，确保其具备相关资质和合规性。这包括对供应商的注册信息、生产许可证、质量管理体系认证等进行核查。

（2）产品质量抽检制度

为了保障产品符合质量标准，企业可以建立商品抽检制度。通过对产品进行定期或不定期地抽检，检测产品的质量和安全性，及时发现并解决问题。

2. 遵守宣传规定

（1）宣传内容合规审查

在宣传产品和服务时，企业应进行宣传内容的合规审查。确保宣传内容符合相关法规和标准，不得涉及虚假宣传、夸大宣传或欺诈消费者的内容。

（2）宣传材料审批流程

建立宣传材料审批流程，对所有宣传材料进行审核和审批。审批过程应包括法律团队或专业人士的审查，以确保宣传内容的合法性和准确性。

3. 建立售后服务体系

（1）退换货政策制定

企业应制定明确的退换货政策，包括退货条件、退货流程、退款方式等。消费者应在购买前清楚了解退换货政策，以确保其合法权益。

（2）投诉处理机制建立

建立健全的投诉处理机制，确保消费者投诉能够及时得到处理和解决。这包括设立专门的投诉受理渠道、明确投诉处理时限等。

第三节　技术、市场、法律等风险及防范策略

一、技术风险及防范策略

（一）网络安全风险

跨境电商企业在网络安全方面面临着多样化的威胁和风险，采取以下防范策略是至关重要的。

1.建立完善的网络安全管理体系

企业应建立起完整的网络安全管理体系，包括制定网络安全政策、规范安全流程、明确安全责任分工等。这有助于提高组织对网络安全工作的统一管理和监控，确保网络安全措施的全面实施和有效运行。

2.部署安全防护设备

企业应投入足够的资源，部署各种安全防护设备，如防火墙、入侵检测系统（IDS）、入侵防御系统（IPS）等。这些设备能够有效检测和阻止网络攻击行为，保护企业网络的安全。

3.加强数据加密

对重要的业务数据进行加密处理，采用强大的加密算法和安全协议，保障数据在传输和存储过程中的安全性。这有助于防止黑客窃取或篡改数据，保护企业的核心资产。

4.定期安全漏洞扫描与修复

企业应定期对网络系统和应用程序进行安全漏洞扫描，及时发现并修复存在的漏洞。这有助于防止黑客利用漏洞进行入侵和攻击，保障企业网络的稳定和安全运行。

5.员工安全意识培训

加强员工的网络安全意识培训，提高他们对网络安全风险的认识和应对能力。培训内容包括识别网络威胁、安全操作规范、应急响应流程等，从而减少员工因

疏忽或错误行为导致的安全漏洞和风险。

（二）技术创新风险

跨境电商领域的技术更新迅速，企业在进行技术创新时需要注意以下防范策略。

1. 风险评估与控制

（1）识别潜在风险

企业在进行技术创新前，应进行全面的风险评估，包括技术可行性、市场需求、竞争态势等方面的分析，以识别可能存在的风险和挑战。

（2）有效的控制措施

针对识别出的风险，企业需要采取有效的控制措施。这可能包括制订应急计划、建立监测系统、加强项目管理等，以降低技术创新带来的潜在风险。

2. 技术规划与投入

（1）明确的方向和目标

企业在进行技术创新前，应有清晰的技术规划和发展路线图。明确技术创新的方向和目标，以指导后续的技术研发和投入。

（2）合理配置资源

为了支持技术创新的开展，企业需要合理配置资源，包括资金、人力、技术设备等。确保技术创新项目能够得到充分地支持和保障。

3. 持续学习与跟进

（1）跟进新技术

技术领域的变化迅速，企业需要建立持续学习的机制，不断跟进新技术的发展和应用。通过参加行业会议、培训课程、技术论坛等方式，保持对新技术的了解和掌握。

（2）拓宽技术视野

企业应该不断拓宽技术视野，关注行业趋势和前沿技术，以保持技术创新的活力和竞争优势。

4. 合作与开放创新

（1）与其他企业合作

企业可以与其他企业、科研机构和技术服务提供商建立合作关系，共同开展技术创新和研发项目。通过共享资源和技术，提高技术创新的成功率和效率。

（2）开放创新模式

采用开放创新的模式，获取更多的技术资源和支持。这包括参与开源社区、技术标准组织等，以获取最新的技术资讯和资源。

5. 成熟度评估

（1）评估新技术成熟度

在推广和应用新技术之前，企业应进行技术成熟度评估，评估新技术的可行性和成熟度。避免过早采用未成熟的技术，降低技术应用过程中的风险和不确定性。

（2）技术验证实践

在进行技术验证实践时，企业应注意技术的稳定性和可靠性。可以通过建立实验室环境、进行小规模试点应用等方式，评估新技术在实际应用中的表现。

二、市场风险及防范策略

（一）市场需求变化风险

市场需求的变化是跨境电商企业面临的常见风险之一，为了应对这一风险，以下是一些防范策略：

1. 市场调研与监测

（1）定期市场调查

企业应建立定期的市场调查机制，通过定性和定量的调查方法，了解目标市场的消费者需求和行为变化趋势。这包括消费者喜好、购买习惯、新兴趋势等方面的调查。

（2）监测市场动态

企业除了定期调查外，还应建立市场监测系统，实时跟踪市场动态。通过监测市场竞争对手、消费者反馈、行业趋势等信息，可以及时发现市场需求的变化，为企业决策提供参考。

2. 产品创新与优化

（1）根据市场反馈调整产品

企业应根据市场调研和监测结果，及时调整产品设计和功能，以满足消费者的需求和期待。这可能涉及产品功能改进、外观设计优化等方面。

（2）推出符合需求的新产品

除了对现有产品进行优化，企业还应不断推出符合市场需求的新产品。通过产品创新，提高产品的差异化和竞争力，吸引更多消费者。

3. 灵活的供应链管理

（1）定期供应链评估

企业应定期评估供应链的稳定性和灵活性，发现和解决可能存在的问题。这可能包括供应商的选择、库存管理、物流配送等方面。

（2）供应链调整和优化

根据市场需求的变化，企业应及时调整供应链策略以及供应商的合作关系。这可能涉及增加新的供应商、优化物流渠道、调整库存管理等。

4. 市场分割与定位

（1）市场细分与定位

企业应根据市场调研结果，将市场分割为不同的细分市场，并制定相应的产品定位和营销策略。这包括目标客户群体的界定、产品特色的强调等。

（2）个性化营销策略

针对不同的市场细分和客户群体，企业应制定个性化的营销策略，以更好地满足消费者的需求和期望。这可能涉及产品定价、促销活动、渠道选择等方面。

（二）品牌声誉风险

品牌声誉是企业的核心竞争力之一，为了保护企业的品牌声誉，以下是一些防范策略：

1. 建立良好的品牌形象

（1）差异化定位

企业应通过品牌宣传和营销活动，清晰地定位自己的品牌形象，突出与竞争对手的差异化特点。例如，强调产品的优质性、创新性或服务的个性化。

（2）建立品牌文化

积极树立企业的品牌文化，通过品牌故事、价值观传达等方式，让消费者更加深入地了解企业的核心价值和文化内涵，从而增强品牌认同感。

2. 客户服务与投诉处理

（1）响应及时性

企业应建立高效的客户服务团队，及时回应客户的咨询和投诉，确保客户问题能够得到及时解决，提升客户满意度。

（2）投诉处理专业性

处理客户投诉时，企业应保持专业态度和解决问题的能力，采取有效的措施解决客户问题，并及时沟通反馈，以增强客户对企业的信任和满意度。

3.品牌危机管理

（1）危机预警系统

企业应建立健全的危机预警系统，及时发现可能影响品牌声誉的危机因素，并制定相应的应对方案，以减轻危机对品牌声誉的影响。

（2）危机公关策略

在危机发生时，企业应迅速做出回应，并采取积极的公关措施，主动向公众传递真实情况和处理进展，以维护品牌声誉和信誉。

4.社会责任履行

（1）参与公益活动

企业应积极参与公益活动和慈善事业，回馈社会，树立良好的企业社会形象，提升品牌的公信力和可信度。

（2）环保和可持续发展

积极履行企业的环保责任，推动可持续发展，采取环保措施和社会责任行动，为社会和环境做出积极贡献，增强品牌的可持续性和社会影响力。

三、法律风险及防范策略

在跨境电商运营中，除了法律合规风险外，还存在着诸多其他法律方面的挑战。为了有效地规避这些风险。

（一）法律合规风险

跨境电商活动涉及不同国家和地区的法律法规，为了保障行为合乎法规以防范风险，在此提出一些防范策略：

1.法律审查与遵从

（1）法律顾问委托

企业应委托专业的法律顾问或建立内部法律团队，负责对跨境电商活动进行全面审查，确保企业的经营活动符合各国和地区的法律法规要求。

（2）定期法律审查

定期对企业的经营活动和业务合同进行法律审查，及时发现可能存在的法律合规风险，并采取有效的措施加以解决。

2. 员工培训与教育

（1）法律知识普及

对企业员工进行法律合规的培训和教育，使他们了解跨境电商领域的法律法规，包括国际贸易法、消费者保护法等内容，提高员工的法律意识和合规水平。

（2）案例分析与讨论

通过案例分析和讨论，让员工深入了解法律合规的重要性和实践方法，增强他们对法律风险的识别和应对能力。

3. 合规监管与内部控制

（1）内部合规制度

建立健全的内部合规制度，明确各项法律法规的遵守要求和责任分工，加强对企业运营活动的监管和管理，确保企业的经营行为合法合规。

（2）风险评估与管理

定期对企业的法律合规风险进行评估和管理，及时发现和应对潜在的风险点，确保企业经营活动的稳健进行。

（二）跨境合同风险

跨境电商交易需要签订跨境合同，为了防范跨境合同风险，以下是一些防范策略：

1. 合同条款明确

跨境电商企业在签订合同时应确定清晰明确的合同条款。这些条款应当涵盖双方的权利和义务，包括但不限于货物运输方式、支付条件、违约责任、合同解除条件等。通过明确的合同条款，可以规避合同履行过程中可能出现的风险和纠纷，确保交易双方的权益得到保障。

2. 风险评估与控制

在签订跨境合同之前，企业应进行全面的风险评估和控制。这包括识别可能存在的各种风险因素，如市场风险、汇率风险、法律风险等，并针对性地制定相应的应对策略和措施。通过有效的风险控制，可以降低合同履行过程中的风险程度，确保交易顺利进行。

3. 法律支持与保障

在签订跨境合同之前，企业应寻求法律顾问或专业律师的支持和建议。法律专家可以对合同条款进行审查，确保其合法性和有效性。此外，法律支持还可以提供在合同执行过程中的法律保障，帮助企业有效应对可能出现的法律纠纷和诉讼，提高合同的执行力度和保障性。

（三）知识产权风险

跨境电商活动涉及知识产权的保护和管理，为了防范知识产权风险，以下是一些防范策略：

1.知识产权登记与保护

跨境电商企业应当对其产品设计、品牌名称等知识产权进行登记和保护。这包括专利、商标、版权等方面的注册和保护工作。通过进行知识产权登记，企业可以确保自身的知识产权不受侵犯和侵权行为的损害，并在侵权纠纷发生时拥有法律上的保护。

2.侵权监测与应对

跨境电商企业应建立知识产权侵权监测机制，定期对市场上的产品和品牌进行监测和检测。这可以通过专业的监测软件或服务实施。一旦发现侵权行为，企业应及时采取应对措施，包括发送警告函、提起诉讼等，以保护自身的知识产权权益。

3.法律维权与追索

对于知识产权侵权行为，跨境电商企业应及时寻求法律支持和维权途径。这包括寻求专业的知识产权律师或法律顾问的帮助，并通过法律手段追索侵权者的法律责任和经济赔偿。法律维权不仅可以保护企业的合法权益和商业利益，还可以起到震慑侵权行为的作用，维护整个市场秩序。

（四）第三方跨境支付法律监管风险

1.健全第三方跨境支付的监管模式

机构明确、权责统一是实现有效监管的基本前提。第三方跨境支付的监管模式的科学构建是立足于监管目标的实现，是立足本国第三方跨境支付的实际发展情况、整体金融监管体系的基础之上的。在第三方支付的监管模式上，美国奉行的是功能监管与机构监管并行的监管模式，其监管主体包括联邦政府与州，将经济效率作为优先监管目标，实行最低监管原则。而欧盟实行的是机构监管，监管主体是欧盟委员会和各国监管机关，监管目标是侧重消费者权益保护和经济效率。针对我国的第三方跨境支付监管，应当立足我国实行外汇严格管理的国情，在审慎监管原则的基础上，完善分层监管和功能监管并行的监管模式。在这种监管模式下，可以划分为三个层级。第一层级是具有行政职权的主要金融监管部门，就是中国人民银行、国家外汇管理局、证券监督管理委员会和银行保险监督管理委员会，这些部门主要负责制定对于第三方跨境支付的整体监管法规，也是整个监管模式中的核心。同时要明确各监管部门的监管职权，明确好中国人民银行在第三方支付的市场准入、支付业务管理和消费者权益保护方面的职权，明确国家外汇管理局在第三方跨境支付中的跨境资金监测和外汇监管职权，发挥银保监会和证监会负责第三方支付机构涉及各自领域时的监管作用。第二层级是第三方跨境支付可能涉及的其他监管部门，比如市场监督管理局、商务部门、海关、公安部门和国家互联网信息办公室等诸多部门。这一层级并不主要负责对第三方跨境支付进行监管，但都是在履行其他领域监管时可能涉及第三方跨境支付，如海关涉及跨境货物交易的监管、公安部门涉及第三方跨境支付反洗钱的监管等。对于这一层级的监管部门的要求是配合第一层级的监管部门展开联合监管，在各自领域发挥专业监管职能。第三层级的监管方则是非政府监管部门，主要以行业协会为主。2011 年成立的中国支付清算协会，是我国的第三方支付机构的行业协会。我们应当鼓励行业协会出台相关自律规范和行业标准，发挥行业协会监督解决"信息不对称"问题的优势，[1] 对支付机构进行自律监管。

2. 健全第三方跨境支付的市场准入制度

（1）完善资本要求

完善资本要求旨在确保第三方支付机构的稳健经营并降低支付业务风险。监管部门制定最低资本要求标准，排除资金实力较弱、抗风险能力较差的公司，以保障支付市场的稳定运行。然而，随着"断直连，入网联"政策和客户备付金集中缴存政策的出台，第三方支付机构的信用风险得到一定程度地降低。因此，设置最低注册资本要求与这些政策在风险控制方面存在一定的重复。

第一，我国对第三方支付机构的最低注册资本要求标准相对较高，与欧盟的资本要求相比较而言较为严格。在欧盟，根据支付服务的类型，初始资本金仅需 2 万到 12.5 万欧元不等。因此，我国可以借鉴欧盟的经验，适当降低进入支付业务的资本要求，并增加持续资金储备作为市场准入的资本要求之一，以激励更多企业进入支付市场，维持其活力。

第二，我国当前的注册资本要求标准并未与支付业务的类型挂钩，而是与从事支付服务的地域范围挂钩，忽略了不同支付业务之间风险的差异。监管部门可以考虑将注册资本要求与支付业务种类及是否从事跨境支付业务相匹配，根据第三方支付机构从事的业务种类确定不同的注册资本要求，以更加科学合理地管理资本要求。

1　李昌麒. 经济法学 [M]. 北京：法律出版社，2008：154-160.

（2）统一外币本币的跨境支付业务许可标准

目前，我国对于第三方跨境外汇支付和跨境人民币支付的准入标准存在差异。针对第三方跨境外汇支付业务，采用了"1+10"的范围限制，包括货物贸易以及留学教育、航空机票、酒店住宿、国际展览、国际运输/物流、旅游、国际会议/展览、软件、通信和广告等领域。而对于跨境人民币支付业务，则没有明确的业务范围限制。这种差异化的监管逻辑源自对风险的不同评估，认为跨境外汇支付存在更大的风险，因此设置了严格的业务限制。

然而，这种差异化监管可能存在一些问题。一方面，宽松的跨境人民币支付监管可能为第三方支付机构提供了通过跨境人民币汇款至境外分公司进行监管套利的机会。因此，有必要统一对第三方支付进入跨境外汇支付和跨境人民币支付业务的许可标准。

监管部门应该考虑对跨境人民币支付业务也作出合理的业务范围限制，以防止监管套利的可能性。统一外币本币的跨境支付业务许可标准，既有利于推进跨境本外币协同监管，形成一体化的监管框架，也有助于防止第三方支付机构利用不同标准之间的差异进行监管套利行为。

3. 强化真实性审核的代位监管

对真实性的审核是第三方跨境支付中最核心的环节，为强化跨境支付的真实性审核，可以从多个方面进行探索和实践。强化第三方支付机构及其合作银行的代位监管是加强真实性审核的重要手段。支付机构和合作银行可以对外汇业务实行采取分类监管的方式，根据交易业务进行风险分类，可以放宽对于风险等级小、交易金额小的支付业务的额度；对于风险等级较高、交易额较大的业务进行额度限制。同时监管部门应当加强对第三方支付机构和合作银行代为监管的检查和考核，对于不作为的，应当制定严厉的惩戒措施。随着技术的发展，可以考虑建立统一的数据信息平台，通过资金信息、物流信息和商品信息的比对，提高第三方跨境支付中对交易的持续监管，强化真实性审核的有效性和效率。

4. 加强第三方跨境支付纠纷中的消费者权益保护

（1）完善第三方跨境支付中的纠纷解决方式

第一，为了避免第三方支付机构通过格式条款减轻或规避支付差错的法律责任，有必要规定专门的条款来完善支付差错的责任分配以及解决方式，该条款应充分考虑消费者与第三方支付机构间存在信息不对称的弱势，基于公平原则的考量给予消费者权益更多的保护。同时应当规定第三方支付机构对于支付差错负有调查义务，且其调查结果应当及时告知消费者，消费者对于该调查结果不满意还可以进行申诉。如果该支付差错是因支付机构或合作银行的原因，那么该支付差错造成消费者的损害将由支付机构或银行承担。如果是因消费者自身原因导致的支付差错，支付机构有接到消费者通知后协助消费者防止其损失扩大的义务，支付机构拒绝协助的，应当对扩大的损失承担责任。

第二，优化第三方跨境支付差错处理规则的责任分配。相对于消费者而言，第三方支付机构在支付差错中对于信息的收集和调查都更具优势，依照传统的过错责任分配原则，消费者难以对第三方跨境支付的支付差错进行调查和收集相关证据。因此，应当把举证责任分配给支付机构更为合理，可以有效降低消费者的维权成本。同时出于公平原则的考量，应当增加第三方支付机构支付差错的责任减轻或免责条款，如支付差错是由消费者和第三方支付机构共同造成，或单独由消费者或银行自身的原因造成的，第三方支付机构虽有协助消费者的义务，但并不需要承担责任。

第三，增加基于互联网平台的纠纷解决方式。可以包括以下两种救济方式：线上调解和线上仲裁。[1] 线上纠纷解决机制方便、灵活且成本低，对于消费者权益保护更有实操性。线上调解的方式可以参考人民法院调解平台的模式，由中国人民银行指导，选择一个非政府部门来进行调解，保证纠纷解决的公平性。线上调解应当充分尊重消费者的意愿。线上仲裁即建立一个对于第三方支付业务纠纷的网络仲裁平台，消费者和第三方支付机构在该平台上完成仲裁，以此提高解决纠纷的效率。

（2）协调意思自治原则与强制性规则的适用

在跨境消费合同纠纷中，法律适用的主流做法是以当事人协议约定的法律管辖作为首要原则。也就是说，首先依据用户和支付机构之间协议约定的法律管辖为主，同时以最密切联系原则作为法律适用的辅助原则。然而，无论是根据意思自治原则还是最密切联系原则确立法律适用，都应当同时适用保护消费者的强制性规则。

许多国家都赋予当事人选择法律的自由，但由于第三方支付机构与消费者地位的不对等，为了保护弱势的消费者，通过消费者权益保护的强制性规制限制当事人约定的法律适用范围。第三方支付机构在用户协议中单方面约定的争议解决条款通常对第三方支付机构更有利，例如选择第三方支付机构所在地法院进行管

1　胡光志，周强.论我国互联网金融创新中的消费者权益保护 [J].法学评论，2014（06）：135-143.

辖或选择对第三方跨境支付监管宽松的国家进行管辖。这些格式条款虽然可以提高合同缔结的效率，但也可能使得第三方支付机构减轻其至规避自身的法律责任。

因此，第三方支付用户服务协议中的司法管辖条款在表面上依赖意思自治原则，但实际上却限制了消费者的权利。通过格式条款强化第三方支付机构与消费者之间的不平等地位，这与侧重保护弱者的原则相违背。

参考文献

[1]陈倩.贸易壁垒对我国出口跨境电商的结构性效应分析[J].商业经济研究，2019（16）：150-153.

[2]胡琳祝，李柄林.跨境电商发展对我国对外贸易模式转型的影响[J].商业经济研究，2019（19）：142-145.

[3]张夏恒，陈怡欣.中国跨境电商综合试验区运行绩效评价[J].中国流通经济，2019（9）：73 — 82.

[4]何江，钱慧敏.跨境电商与跨境物流协同关系实证研究[J].大连理工大学学报（社会科学版），2019（6）：37-47.

[5]徐翔.一带一路倡议下的跨境电商机遇[J].中国储运，2019（10）：54-55.

[6]韩琳琳.移动社交红利背景下社交共享零售的创新及其影响[J].中国流通经济，2019，33（8）：91-98.

[7]潘建林，汪彬，董晓晨.基于SICAS消费者行为模型的社交电商模式及比较研究[J].企业经济，2020，39（10）：37-43.

[8]官振中，文静柯.基于短视频平台的社交电商发展研究[J].管理现代化，2021，41（1）：93-97.

[9]康惠雯.电子商务企业财务风险及其控制研究：以拼多多为例[J].财务管理研究，2022（2）：85-87.

[10]贺自越，张庆.拼多多的盈利模式及财务绩效分析[J].全国流通经济，2021（9）：90-92.

[11]邢洋铂，孙菡清.拼多多商业模式研究：基于"商业模式画布"的分析[J].商场现代化，2020（6）：20-23.

[12]翟虎林，谭蓉.敦煌网跨境电子商务经营模式研究[J].中国集体经济，2019（4）：107-108.

[13]张伟.B2B电子商务的发展模式研究：基于速卖通网站的分析[J].现代

营销（下旬刊），2020（4）：170-171.

[14] 叶政豪 .B2C 跨境电商平台对我国外贸的影响分析：以阿里巴巴全球速卖通为例 [J]. 知识经济，2018（2）：77-78.

[15] 贺慧芳 .跨境电子商务的多元市场价值链模型构建及推进策略 [J]. 商业经济研究，2021（18）：103-107.

[16] 曾熊淑敏，包效诚 .亚马逊"封号潮"给中小型跨境电商转型升级带来的启示 [J]. 商展经济，2022（20）：54-56.

[17] 唐惠钦，陈鼎庄 .亚马逊平台产品责任转变对我国跨境电商行业发展的影响及对策 [J]. 商业经济研究，2022（12）：108-110.

[18] 何光美，安义中 .提升把控力与运营能力的跨境电商模式创新路径——亚马逊网站封号事件启示 [J]. 商业经济研究，2022（11）：87-89.

[19] 许留芳 .跨境电商营销推广的反思——以亚马逊封杀中国大卖家事件的视角 [J]. 现代营销（学苑版），2021（10）：154-155.